JN249615

［監修］吉岡眞之／藤井譲治／岩壁義光

四親王家実録 27

有栖川宮実録

第一巻

好仁親王実録

ゆまに書房

刊行にあたって

吉岡　眞之
藤井　譲治
岩壁　義光

さきに刊行された『天皇皇族実録』に引き続いて、その続編ともいうべき『四親王家実録』が復刻刊行されることとなった。

四親王家とは、中世後期に創設された伏見宮家を始め、近世初期から中期にかけて設立された八条宮（後に常磐井宮・京極宮・桂宮と改称）、高松宮（後に有栖川宮と改称）、閑院宮を総称する名称である。四親王家は、当初必ずしも皇統維持の観点で設立されていたわけではないが、遅くとも近世中期ころから、皇位継承の危機に備えるためとする認識が次第に広まっていった。各宮家の代々当主は天皇の猶子あるいは養子となって親王宣下を受けて親王となり、皇位継承に備えつつ近世末期に及んだ。

四親王家と天皇家の関係はこのように密接であり、『四親王家実録』もまた『天皇皇族実録』の一環として編修されるべき性質のものであった。しかし四親王家代々の親王およびその妃・王子女等の事蹟を、それぞれの祖に当たる天皇の実録に組み込むことになれば、実録の様態・内容がきわめて複雑なものになることは明らかであった。このため四親王家の実録については『天皇皇族実録』とは別に『四親王家実録』として編修することとなったのである。

『四親王家実録』の体裁は『天皇皇族実録』にならい、親王家ごとに編年綱目体で編修されている。すなわち日々の大意を綱として記し、その後に綱の典拠となる史料を目として配列している。引用史料は各宮家当主の日記、宮家の家職に関する日誌を始め、公家日記、関連寺社の記録類、また京都御所東山御文庫・宮内庁書陵部図書寮文庫・国立公文書館内閣文庫・近衛家陽明文庫などに所蔵されている信頼性の高い史料を広く収集し掲載している。引用史料はこれまで知られていなかったものも多く含んでおり、『四親王家実録』がとりわけ近世を中心とする公家社会史研究に資する点は少なくない。

『四親王家実録』は宮内省図書寮において一九四四年（昭和一九）に当初の紀事本末体の体裁から編年綱目体への組み替え作業が始められたが、一九四五年の第二次世界大戦敗戦にともない、編修事業は中断を余儀なくされた。その後、一九六五年（昭和四〇）に宮内庁書陵部編修課は『四親王家実録』の編修を新事業として開始することを決定したが、翌年明治百年記念準備会議が『明治天皇紀』の公刊を決め、宮内庁編修課がこれに従事することになった。このため同課では二つの大きな事業を並行して進めることとなり、当初の編修計画は大幅に遅延したが、一九八四年（昭和五九）三月にいたり『四親王家実録』は完成を見たのである。

『四親王家実録』には四〇七名の皇族の事蹟が二九四冊に編修収載され、総目次・系図一冊が添えられた。また別に実録本編より綱文を抄出した抄出本五部（一部三三冊）が作成されている。宮家ごとの内訳は以下の通りである。

伏見宮家	二四七名	一二九冊
桂宮家	三七名	三五冊
有栖川宮家	七五名	九〇冊
閑院宮家	四八名	四〇冊
総目次・系図一冊		

凡　例

一、本書は、宮内庁宮内公文書館所蔵の『四親王家実録』（本文二九四冊、総目次・系図一冊）を表紙から裏表紙に至るまで、完全な形で影印・刊行するものである。

二、『四親王家実録』は、昭和四〇年四月に編修事業が開始され、同五九年三月に終了した。『明治以後皇族実録』は、昭和五九年四月に編修事業が開始され、平成二年三月、二十五方の編修を終了して中断した。

三、『四親王家実録総目次』所載の凡例を以下に掲載する。

凡例

一　本実録ハ伏見・桂・有栖川・閑院四親王家ノ歴代当主並ニ其ノ配偶者及ビ王子女等ノ行実ヲ編修セルモノニシテ、昭和四十年四月之レガ編修ニ著手シ、同五十九年三月其ノ功ヲ終ヘタリ、

一　本実録ハ明治以前ニ四親王家ノ歴代当主ト為レル御方別ニ実録ヲ編修シ、配偶者並ニ王子女等ノ行実ヲ其ノ後ニ附載ス、但シ四親王家ヨリ出デテ皇位ニ即キ、或ハ后妃ト為リタル御方ニ就キテハ、単ニ名ヲ掲ゲルニ止メ、其ノ行実ハ当該天皇皇族実録ノ記述ニ委ネタリ、尚幕末維新ノ交ニ伏見宮ヨリ独立セル宮家ノ皇族ニ就キテハ、別ニ編修スル明治以後皇族実録ニ収載ス、

一　本実録ノ記載事項ハ概ネ誕生ニ始マリ葬送ニ終ル、其ノ間命名・元服・婚嫁・出産・任官・叙位・信仰・出家・教養其ノ他主要ナル行実ヲ努メテ収録セリ、

一　本実録ノ体例ハ編年体ニ依ル、初メニ綱文ヲ掲ゲテ事項ノ要点ヲ示シ、次ニ史料を排列シテ依拠ヲ明カニセリ、

一　本実録ニハ四親王実録総目次及ビ系図一冊ヲ加ヘ、利用ノ便宜ヲ計レリ。

昭和五十九年三月

四、『四親王家実録』の原本は、原稿用紙に手書きされた稿本が製本されたものである。法量は、縦二五八㎜、横一八二㎜。原稿用紙は三種類あり、すべて縦20字横10行の二〇〇字詰め縦書き原稿用紙で裏はシロである。詳細は左記のとおりである。

罫用原稿用紙は、罫線の色は濃紺。右下に「実録編修用紙」と印

字されている。

目次・綱文用原稿用紙は、罫線の色は赤。左下に「編修課」と印字されている。

編年綱目体の目にあたる原稿用紙の罫線の色は青。右下に「書陵部（三号）」と印字されている。

また、同一冊子内で人物が変わるところには水色の無地の用紙が挟まれている。本書では、その部分はシロ頁とした。

五、刊行にあたっては、手書きの稿本である事を考慮し、適宜縮小して、上下二段に4頁を配した。排列は上段右、上段左、下段右、下段左の順である。使用されている原稿用紙により縮尺が異なるが、綱文の原稿用紙で約55%、史料引用部分の原稿用紙で約57%である。
原稿用紙の罫線の枠外（上下左右）に手書きされた文字を掲載するために適宜同じ頁を上下ずらして二度掲載したところもある。

六、本書の各頁の柱は、奇数頁は実録名、偶数頁は各頁上段一行目の記載事項が該当する綱文の年月を示した。南北朝期については、綱文にならい北朝、南朝を記した。親王の妃、室、王子女の場合は、『天皇皇族実録』にならい、偶数頁は妃、室、王子女名とした。

七、原文に訂正がなされた場合、原文の一部が透けて見えても、修正を加えず現状のままとした。とくに、典拠名の亀甲カッコの下の訂正が不完全なため、見苦しい箇所がある。また、原稿用紙の罫線が薄いところなどもすべて原本のままである。

八、挟み込まれた紙片があった場合は、当該頁の次に配置し、「（編集注）」をほどこした。

九、影印版『四親王家実録　第Ⅲ期　有栖川宮実録』第一回配本の構成は左記のとおりである。
第二十七巻
有栖川宮実録 一 好仁親王実録 一～有栖川宮実録 二 好仁親王実録 二
第二十八巻
有栖川宮実録 三 幸仁親王実録 一～有栖川宮実録 七 幸仁親王実録 五
第二十九巻
有栖川宮実録 八 正仁親王実録 一～有栖川宮実録 一一 正仁親王実録 四

一〇、『四親王家実録第四十七巻』（『有栖川宮実録第二十一巻』）に有栖川宮実録目次及び有栖川宮系図（「四親王家実録総目次　附 四親王

家系図」〈識別番号75495〉）を収録する予定である。「四親王家実録」全体の解題は『四親王家実録第十九巻』（『伏見宮実録第十九巻』）に収録してあるので参照にされたい。

第二十七巻目次

刊行にあたって
凡例
有栖川宮実録　一　好仁親王実録　一　1
有栖川宮実録　二　好仁親王実録　二　67

有栖川宮実録　一

好仁親王実録　一

有栖川宮實錄　一

好仁親王實錄　一

宮内公文書館
識別番号 75365
分類 書陵部編修課
備考

圖書寮
品號 68740
册數 295
函號 600 52

有栖川宮實錄　一

好仁親王實錄

好仁親王　一

實録編修用紙

好仁親王實錄

目次

好仁親王

妃　源寧子（平松）

王女　明子女王　後西天皇女御

王女　某（高琳院）

編修課

好仁親王實錄

好仁親王

七宮　御湯殿上日記　言經卿記

三宮　御湯殿上日記　時慶卿記

齊祐　弘誓院記　時慶卿記

聖護院宮　義演准后日記

高松宮　孝亮宿禰記　鹿苑日録

彈正尹宮　道房公記　中院通村日記

不白拈公　久伸年譜草　陵墓要覧

編修課

有栖川宮系譜
永照院
水
賦物連歌
後陽成天皇ノ第七皇子、母ハ關白太政大臣近衞
前久ノ女、藤原前子ナリ、慶長八年三月十七日、近
衞信尹第ニ於テ誕生ス、七宮ト稱ス、

編修課

〔御湯殿上日記〕
慶長八年二月廿八日、女御の御かた御およひの御
いわゐにて二色御たるまいる、御さか月御ことふ
あわからんにて二こんまいる、女御の御かたこ
よひより御さとへなる、
三月十七日女御の御かた御する〳〵也、
十八日女御の御かたより御たる三色三かまい
る、御さか月御ことふあわからんにて一こんまい
る、

〔時慶卿記〕
慶長八年三月十七日天晴、女御殿若宮御誕生亥
刻也、予ハ豫參、右衞門督向　内々御藥可持參旨
候間、藥箱隨身候処不及其儀、安々ト□候、珍重ノ
儀、御前ヘ被召テ參、近衞殿モ御座、御酒給、

〔御系譜〕○禁裏執次詰所本
第百八代
後陽成院
覺深法親王
承快法親王
清子内親王
母
中和門院准三后藤前子、
近衞入道前關白太政大臣前久公女
皇女
第百九代
後水尾院
治十八年
御母
同上
中和門院
藤原信尋

尊性法親王
母同上

尭然法親王
母勾当内侍藤基子《孝イ》、持明院中納言基孝卿女、

二品
好仁親王
号高松宮、始聖護院附弟、号済祐、
母同上、《イ》中和門院、
慶長八年三月十八日生、

〔有栖川宮系譜〕
後陽成天皇第七皇子
好仁親王
御母中和門院藤原前子、前関白太政大臣前久公女、
慶長八年三月十八日御誕生、号三宮、

慶長八年四月十八日
忌明ニ依リ、女御藤原前子ニ伴ハレテ参内ス、

〔御湯殿上日記〕
慶長八年四月十八日はる、女御の御かた御にみあけにて、七のみやの御かたの御むかいにこんすけ殿御まいりなかはしのくるまよせよりなる、七のみやの御かた女御の御かたならします、はくめん御くしそへにまいる、女御の御かたより三色御たるまいる、こん二こんまいるしよこん御こふあわ、二こんとりのこなり、

編修課

〔時慶卿記〕
慶長八年四月十八日雨天女御殿御忌明御祝ニ
被召、鷹橋同辨・万里小路ハ雖参上急事ニヨリ辰
巳前ニ退出、持明院中納言・伯・予・勸宰相・鷲尾正親
〔　〕三條・富小路・四辻・松木・小川坊・舟橋・猪熊少納言
等也、御相伴女御殿・大聖寺殿・光照院殿・入江殿・照
高院殿・御袋・菊仙院殿也、猪熊少納言ハ御配膳也、
大御酒也、謡・順舞等在之、

書陵部（三号）

〔言經卿記〕
慶長八年四月十八日甲辰、小雨晴陰、權典侍殿へ
参了、御所労驗氣也、今日七宮始御参内、御迎ニ御
出也云々、

書陵部（三号）

慶長八年七月十七日
宮参ヲ行フ、

〔御湯殿上日記〕
慶長八年七月十七日ふる、七のみやの御かたの御
みやまいりにてならします、まいりそめにて御
ねりこまいる、御さか月一こんまいる、

書陵部（三号）

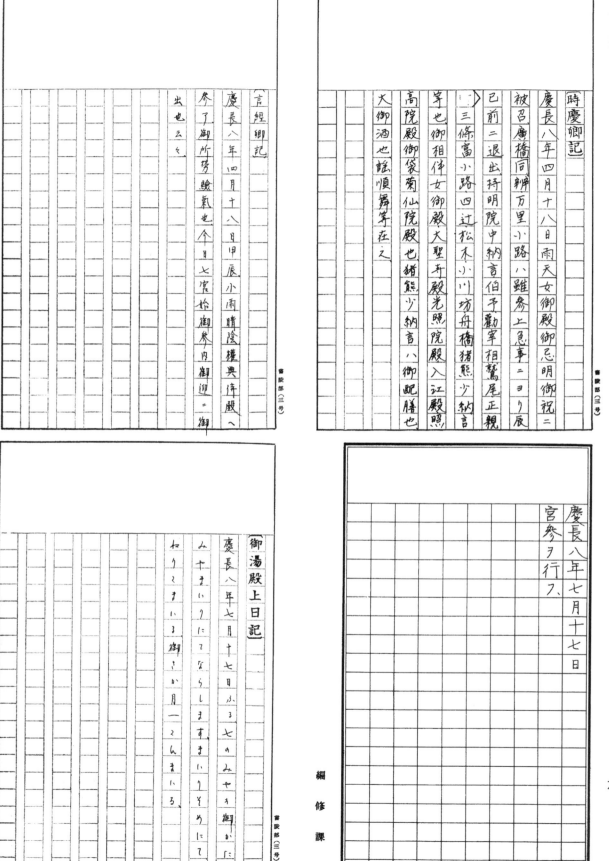

慶長八年八月十五日

新上東門院（誠仁親王妃藤原晴子）ノ御所ニ於テ養育セラルル事ト為ル、是ノ日ヨリ七宮ノ称ヲ改メ三宮ト称ス、

編修課

〔御湯殿上日記〕

慶長八年八月十五日はるゝ、七の宮の御かた女ゐんの御所へあつかりまいらせられ候とてなしまいらせらるゝ、くの御所より御ふく二かさね御よるの物なかはしよりくしらへ候てまいる、女ゐんの御所へしろかね廿まいまいらせらるゝ、（中略）けふより七のみやの御かた三のみやと申也、

書陵部（三号）

〔言經卿記〕

慶長十年正月十九日甲午天晴、聖護院殿七宮御女三宮、御入室也、

書陵部（三号）

慶長八年十一月十二日

髪置ノ祝儀ヲ行フ、

編修課

〔御湯殿上日記〕

慶長八年十一月十二日はるゝ、三の宮の御かた御くしそきあり、御ふく一かさね御しらかまいる、御さか月御くふあわゝいたゝきのかちんにて二こんまいる、御わりゝ御くしへつけさせまいらるゝ、女御の御かたより三色三かまいるかつしにておとこたちしこうありく御まいる女ゐんの御所よりさけまいる、

慶長十年正月十九日

聖護院宮興意親王ノ附弟ト爲リ、是ノ日、聖護院ニ入室ス、乃チ新上東門院ノ御所ヨリ禁裏（後陽成）ニ參リ、同所ヨリ聖護院ニ入室ノ儀ヲ行フ、

〔慶長日件錄〕

慶長十年正月十九日晴、女御腹第三宮爲聖護院御弟子今日御入寺也、三歳也、供奉之衆烏丸大納言廣橋大納言万里小路大納言中院入道前侍從中納言勸修寺中納言伯二位飛鳥井宰相鷲尾宰相頭辨總光朝臣五辻之仲朝臣正親町三条實有朝臣阿野實顯朝臣四辻季繼朝臣冨小路季直朝臣坊城俊昌西洞院少納言時直万里侍從孝房甘露寺豐長予等也、路次行列之次第先女中轅板輿八丁次殿上人十一人塗輿轅下﨟爲先次宮御方御輿、板輿轅、次公卿八人塗輿、轅卯剋令衣冠各參内有暫宮御方從女院内ヘ渡御、從車寄被出輿云々、此内殿上人皆乘輿、宮之輿左右北面衆八人供奉公卿衆青侍十人布衣二人雜色十人笠持一人被連云々、此内兩人放生衆も有之云々、殿上人布衣一人青侍七人雜色七人笠持一人召連予爲沓持雜色八人召連予、卯下剋聖護院宮ヘ渡御公卿殿上人各先傍令休息、有暫各爲祝義太刀令持參御礼申予次御盃參、三獻有之公卿殿上人不殘御相伴也、有暫有湯漬、七五三也、此後随次事ゝ物有

編修課

書陵部（三号）

之、及大酒、御寺衆於御前有御通、申下刻各退出、則直勾當殿へ参、御供仕、令退出由申入、次女御へ申入、次女院へ申入、各帰還畢、後聞、青侍雑色不残於聖護院殿有夕飯云々、此度予輿轅於相國寺慈照院令借用、簾不具、令迷惑畢、遠江事、十如院轅輿有之云々、

〔言經卿記〕

慶長十年正月十九日、甲午、天晴、聖護院殿七宮女御三宮、御入室也、供奉衆、先、女房衆、コシ七丁次前驅、又リコシ衣從也、秀賢舟橋式部少輔、豊長甘露寺、孝房萬里小路侍從、時直平少納言西洞院、俊昌藏人辨小川坊城、秀直朝臣左衛門佐富小路、季繼朝臣四辻少將、實顕朝臣阿野少將、實有朝臣三條少將正親町、之仲朝臣左馬頭五辻、總光朝臣頭左中辨廣橋、御輿、若宮御方アイコシ、新大納言殿藪イモト、女院上臈也、次日野烏丸大納言光宣卿、廣橋大納言兼勝卿、萬里小路大納言充房卿、中院入道、前侍從中納言素然俗名通勝卿、新中納言光豊卿勧修寺、伯二位雅朝王白川、新宰相雅庸卿飛鳥井、鷲尾宰相隆尚卿等也云々、傳聞了、

〔孝亮宿祢記〕

慶長十年正月十九日、午晴、今日三宮女御々腹、聖護院殿江在御入室也、公卿烏丸大納言、廣橋大納言、万里小路大納言、中院入道也、是勧修寺中納言、白川二位、飛鳥井宰相、鷲尾宰相、殿上人、舟橋、甘露寺、万里小路侍從、西洞院少納言、小川坊城、富小路、四辻、阿野、正親町三条、五辻、廣橋頭弁、以上公卿八人殿上人十一人供奉云々、

〔諸寺院上申〕

聖護院在住皇子親王御事蹟書

（号三宮）済祐親王 後陽成院第三皇子、母勾當内侍孝子、持明院權中納言基孝卿女、

一本 中和門院准三后前子、近衛准三后前久公入道竜山女、

慶長八年三月十八日 誕生

同 十年十二月 日 入室

為興意親王附弟、

書陵部（三号）

慶長十年正月二十二日

女御、藤原前子、聖護院ニ三宮ヲ訪フ、

編修課

〔時慶卿記〕

慶長十年正月廿二日天晴、少納言ハ聖門ヘ女御殿御成ニ御相伴ニ被召テ参上候、

書陵部（三号）

慶長十年正月二十四日

聖護院ヨリ新上東門院ノ御所ニ帰ル、

編修課

時慶卿記

慶長十年正月廿四日雨天、

一御番時直勤、又三宮御方従聖門女院御所へ御帰之由候、

書陵部（三号）

慶長十年十一月二十七日

色直ノ祝儀ヲ行フ、

編修課

時慶卿記

慶長十年十一月廿七日天晴卯刻地震鳴動

一女院御所へ少納言被召、三宮御方御色直シノ御祝ト、

書陵部（三号）

慶長十二年十二月十三日

深曽木ノ儀ヲ行フ、

編修課

〔御湯殿上日記〕

慶長十二年十二月十三日、はるゝ、三の宮の御かたにて御ふかそきにてならします、こん三こんまいる、此御所より御ふく一かさねまいる、三の宮の御かたより御たる三色三かまいる、

書陵部(三号)

〔慶長日件録〕

慶長十二年十二月十三日、晴、三宮樣御髮曾木也、仍女院御所へ參、

書陵部(三号)

慶長十三年五月二十四日

禁裏後陽成ニ於テ聯句御會アリ、乃チ參内シ、初メテ之レヲ聽聞ス、

〔御湯殿上日記〕

慶長十三年五月廿四日、はるゝ、くかんしうなり、御かんくあり、(聯句)女ゐんの御所三の宮の御かたよりはしめて御ちようかうあそはし候て、かうしゆさん一つゝみまいらるゝ、くかんにすきはら十てうしろかね一つゝみ下さるゝ、かたしけなきよし申さるゝ、

書陵部(三号)

編修課

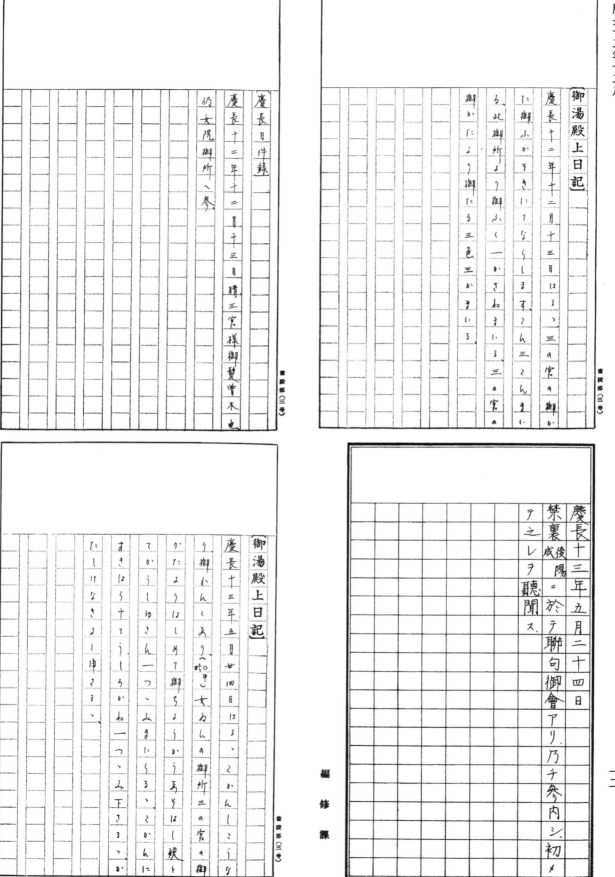

慶長十五年正月十三日

方違ノ爲新上東門院ト倶ニ洛北長谷聖護院領ニ赴キ、逗留ス、

編修課

〔時慶卿記〕

慶長十五年正月十二日天晴風寒、女院御所御方違ニ長谷ヘ明日御越、表向ハ三宮御方ノ分ト帥殿迄御見廻参候、

十三日天晴曉雪少降、女院御所長谷ヘ御越、表向ハ三宮御方御方違、其儀ニ御逗留御隠密ノ分也、雖然世間ニハ周知之由候、今度御供ハ勧修寺・万里・白川・五辻・阿野以上五人、予ハ御見舞モ無用由被仰候、不及是非、暁ニ御出也、少々昨日ヨリ御先ヘ女中衆被遣候由候、

書陵部（三号）

慶長十五年八月二十六日

是ノ月初旬ヨリ痢病ヲ患ヒタルヲ以テ、長谷ノ地ハ方角宜シカラズト爲シ、歸京シテ女御藤原前子ノ御里御殿近衛信尹第ニ入ル、外祖父近衛前久龍山三宮ノ病平癒及ビ息災ヲ春日・祇園・天神・御靈ノ諸社ニ祈念シテ法樂和歌ヲ詠ズ、

編修課

〔御湯殿上日記〕

慶長十五年八月廿六日はるゝ、三の宮の御かた御わつらいにか〱しく御入候につき長たにははうもわろく御入候とて御やうしやう御ましないに女御の御かたの御さとへなる、女院御所御こゝろもとなく覚しめしゆへ御しのひにて御みまいにならします、

書陵部（三号）

時慶卿記
慶長十五年八月九日天晴長谷へ三宮御方御煩
無心元御見廻ニ可罷越歟如何事尋申候処無用
由承候間、無其儀
十二日天晴道三へ遣人処上洛ト但長谷へ被越
由候三宮御方御煩也
十九日天晴暑々長谷へ見廻申候新酒七條へ取
ニ差越樽弐ツ進上候三宮御方御煩也女御殿御
座候御對面ニテ御脈モ給候
廿三日天晴長谷へ三宮御方御腹中以外間見廻

申候御脈ヲ被見候少和中由申入道三友竹同参
也粥アリ御酒給帥局馳走也酒過テ出候照門モ
御座候懸御目女御殿以奥ニ御座不懸御目女院
御所ハ御内義ニテ御對面也御脈ノ義御尋候和
中由申入様モ越候局へノ義ヲ内々帥殿二位
殿へ被申候按察へ薬調進候帰ハ歩行ニテ乱ノ
東近行於長谷富小路モ伺公申候

廿五日天晴夕雨長谷へ三宮御
方見廻ニ越痢心悪由候診脈事日中両度林来坊
勿論也女院御所御對面照門御越也女御殿モ御
越也當所良ニ當所良ニ當候事予申出候龍来坊
承尤ノ義ト同候達上聞御座所可被改上候急御
帰京候談合アリ則日取候明日午前ト相定候下
々迄喜悦無限
廿六日天晴□刻過急長谷へ御迎見廻旁々参候
於途三宮御方奉値診脈候御氣色無別儀八條殿懸

御目御迎也女院御所ハ未御迎遅々ニテ長谷ニ
御座候急参候懸御目御盃給御機嫌也今度御出
京ノ事予方角ノ義申入ニ依テト被仰候御迎ノ
衆ハ廣橋白川五辻阿野極﨟祭主指次等也書落
故三宮ハ午刻女院御所ハ未刻還幸也女御殿御
里御所へ御座也

書陵部（三号）

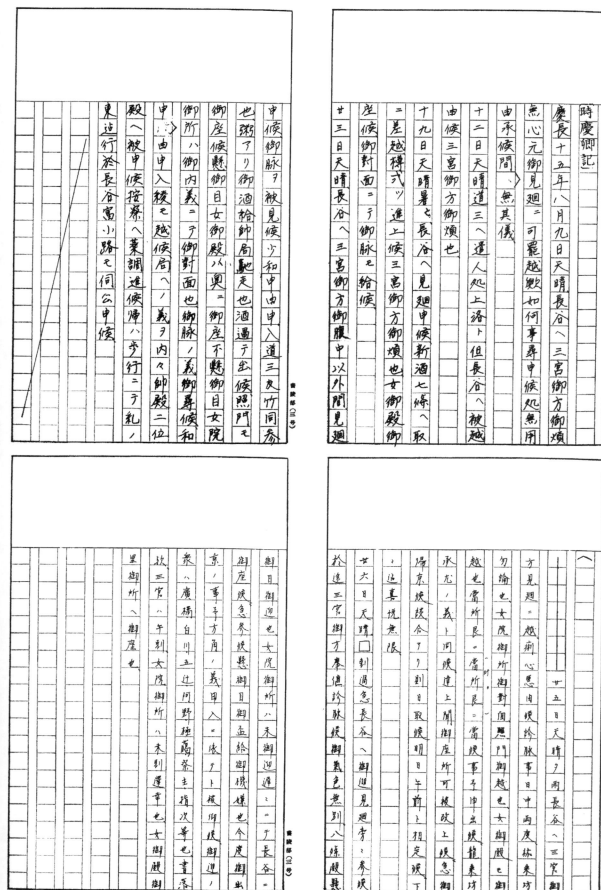

〔孝亮宿祢記〕
慶長十五年八月廿六日戊戌、晴、三宮聖護院殿御相續也、此中女院爲御猶子岩藏御之處、就御所勞今朝有御出洛之由風聞、

書陵部（三号）

〔近衛家文書〕十、東求院筆物
三宮の御かた御ふれい御へいゆう御そくさい御長久の御きねんのほうらく
龍山
かすか
か　かすか山けふかけそむるみしめなハ
なかきや君かよハいなるらん
す　すなはにもきみそさかへんかすか山
神のめくみのしるへ《まもり》みえつゝ
か　神やなをたのむいのりをうけつゝも《らん》
こゝろのきりのはれわたるらん《かな》

大日本史料十二ノ二

書陵部（三号）

きをん
き　きのふまてつくすこゝろにひきかへて
けふよろこひのはをそみえぬる
を　をろかにもおもはさらまし《しもの、》くもはれて
月まちみたるあきのうれしさ
む　むつましくまもれる神の一すちに
いのるしるしのかなふこのとき
てんしん
て　てる月のくもらぬあきをみよとてや
あらしそはらふみねのしら雲

書陵部（三号）

む　むはたまのよるひるそひてよくこひの
人のこゝろやなをまさるらし
し　しつかなる山のいへねもきみすめハ
みやこにまさるあきのにきハひ
む　むまくるまつとふ山ちのにきハひや
君か心のねかひみちぬる
こりやう
こ　このあきのうれしきことをきみもいとも
かたりあひつゝめくるさかつき
り　りうすひのこゝろきよくもなるまゝに

書陵部（三号）

く見そへけりなさけのかハらけ
や　ふすみもむへゝのへにをとらしと
おもふはかりにつとふもろ人
う　うたひまふさけのむしろのましハりハ
なをいくあきもつきしことふき
しよくハんしやうしうふつきはんゑ
ひそくさいちやうきうのところ
慶長十五年八月廿二日

慶長十五年十月八日
是ヨリ先、新上東門院御所ニ還リシガ、是ノ日、病平癒ノ祝儀ヲ行フ、尋イデ十日、長谷ヨリ還リテ後、初メテ参内後陽成ス、

御湯殿上日記
慶長十五年十月八日はるゝ、三の宮の御かた御ゆかけまいらるゝとて、御たる三色三かまいる、
御さか月一こんまいる、

御湯殿上日記
慶長十五年十月十日はるゝ、し女ゐのん御所長たにゝよりくはん御のゝちはしめてならすます、
三の宮の御かたにハてうせうかう院殿竹内殿もなる、御さか月まいる、女ゐんの御所よりおり御たるまいる、御所〳〵よりも折まいる、

編修課
書陵部（三号）

〔時慶卿記〕
慶長十五年十月八日、天晴、女院御所ノ三宮御方疹後御湯被懸候、御悦トテ御連枝達不残御参、八條殿・陽明・竹門・鷹大将殿右座、中央御座、左ニ宮・大聖寺殿・曇花院殿・廿ヽ、前同光照院殿・女御殿・政所殿右之頭一條殿ノ中将殿御座、堂上ニハ勧中納言・西三條・白川・予・廣宰相・若王子・児四辻・阿野・冨小路・時直・正親三・中院・侍従・其外五位ノ衆何殿上人ハ膳持参也、右御衆ハ六位衆陪膳也、金銀丁寧ノ儀也、光献参候ツトヲリ女院御所御打也、祐来坊祥寿院果ノ盃各持テ立也、御肴照門也、其次ニ食也、次饅頭参候、次ニ御盃臺共参候、謡発声予三度謡、其後各謡、冨小路善也、後鼓太鼓箇了リ、予ハ其後退出候、陽明ハ猶早御立候、一声被謡候、鷹大将切々被謡候、飯後陽明御休息候、廣橋ノ亭へ御立候、

書陵部（三一号）

書陵部（三一号）

慶長十七年十二月二十六日
親王宣下ヲ蒙リ、名ヲ齊祐ト賜ハル、

編修課

〔弘誓院記〕
慶長十七年十二月廿六日、聖護院御弟子宮親王宣下、御諱齊祐、今上御連枝也、卯刻陣儀、上卿廣橋大納言兼勝、奉行職事蔵人頭左大弁孝房朝臣、参仕弁右中弁兼賢、大外記師生、左大史孝亮、六位外記安倍盛勝、同史三善英芳、

宣旨

齊祐親王

左大弁藤原朝臣孝房伝宣、権大納言藤原朝臣兼勝宣、奉勅、宜為今上親王者、

書陵部（三一号）

慶長十七年十二月廿六日

中務大輔兼左大史算博士小槻宿祢孝亮奉

書陵部（三一号）

〔官公事抄〕

慶長十七年十二月廿六日

親王聖護院宮御弟子宮宣下、卯刻陣儀、

上卿廣橋大納言兼勝卿

奉行職事頭左大弁孝房朝臣

弁右中弁兼賢

十三

書陵部（三一号）

慶長十八年八月二十二日

伊勢參宮ノ爲、女御前子藤原ト倶ニ出立ス、尋イデ九月二日京ニ歸著ス、

編修課

〔時慶卿記〕

慶長十八年八月十九日天晴、勝朿儀シテ被歸、三宮御方近日參宮ノ由候、

廿二日雨天、勝朿儀候、三宮御方參宮ノ由候（中略）

按察へ文遣、三宮御方御參宮ノ事珍重申入、

廿四日天晴、一昨日女御殿ヨリ參宮ノ義今日間

九月二日天晴曇、三宮御方女御殿參宮ヨリ御歸、

京構ニツ折箱ヲ献、三宮へ折一ツ捧候、女院御所

門迄出迎申候、則珍重申入、万里入道留小路等御

供衆迄、女院御所へ被落付有御振廻ト、女御殿御

書陵部（三一号）

歸ノ時分右衛門督ヨリ被告、則参上候、御盃給、時
直、時興 同前、禁裏へ御暇ノ事申入、

書陵部（三一号）

慶長二十年七月五日
女御、藤原前子、土御門泰重ヲ以テ親王ノ讀書ノ師範
ト爲ス、

編修課

〔泰重卿記〕
慶長二十年七月五日、朝晴天、（中略）晩従女御召候、
則致祗候へハ、照高院殿御弟子御所三宮ニ御師
範ニ可参候由仰候、予申様、御連枝一条殿御幼少
候さへ何とも迷惑仕候ニ、三宮様へハ迷惑之由
再三辞退申候、然共、是非ト仰候ハヽ、可應尊命候
也、

書陵部（三一号）

元和二年六月九日
土御門泰重ニ就キテ三體詩ヲ習ヒ始ム、

編修課

泰重卿記

元和二年六月九日、晴天、山科所へ参候、従其召候
故、一条殿致伺公候、三宮様三躰詩御習始被成候、
則指南仕候、国母様御満足被成候、
十一日、晴天、午刻雨降、一条殿致祗候、三宮様御両
所へ指南申候、初夜之時分ニ退出、
十二日、雨天、終日陰晴、一条殿致祗候、御両所へ指
南仕候、
廿二日、晴天、今日吉日之由被仰、聖護院殿伺公候、
御少読書被成候事、候、国母様より被仰也、

書陵部（三一号）

元和二年十一月十九日
禁裏（後水尾）ニ於テ、摂家・門跡衆能ヲ興行ス、乃チ参
内シテ陪覧ス、

言緒卿記

元和二年十一月十九日、丙戌、天晴、
一今日禁中従五摂家宮門跡御申沙汰也、有御能、
被参之衆、関白、二条殿、右大臣近衛殿、八条式部
卿宮、伏見帥宮、鷹司大閤、一条大納言殿、中将鷹
司中将、九条中将、（御門跡方）三宮、六宮、八宮、大覚寺宮、曼珠
院宮、梶井宮、三宝院准后、青蓮院殿、（○中略）右之衆
ニ大夫渋谷也、天酌也、三盃下ヲリ也、御叙八言
総参勤仕了、
廿日、丁亥、天晴、

書陵部（三一号）

一翌日之御能有、昨日之衆参、衆両三人許不参也、
予入夜退出了、

書陵部（三一号）

編修課

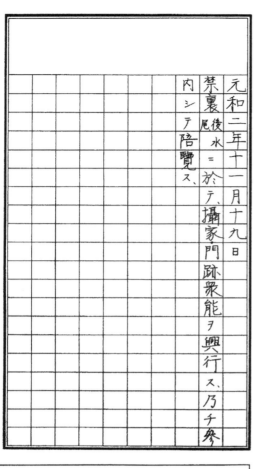

（義演准后日記）

元和二年十一月十九日、晴、八條一品親王、次聖護院宮童形、次妙法院宮童形、次八宮童形、次大覚寺親王、次竹内親王、次梶井親王、次西園寺内府、已上着座次第如此、三献、但初献ハ法中不罷出、於御影初献被下之、第二献度ヨリ於御前被下之、御能十三番、入夜四五番在之、其後主上出御、第三献在之、天盃天酌ニテ八條宮賜之、召出次第ニ忝天酌ニテ被下之、及深更退出、

二十日、晴、未剋ヨリ天陰、其後御能在之、無式三番御嘉例也、御扇被下、二番過出御、御献於御前被下之、御相伴次第如昨日、御酌殿下被参、天盃八條宮賜之、

元和二年

是ノ歳、聖護院宮興意親王ヨリ同院寺務及ビ三井長吏ノ職ヲ譲ラル、

編修課

（諸寺院上申）

照高院由緒書

興意親王御代

（中略）

（元和）同　二年　聖門寺務并三井長吏ヲ三宮童形ヘ譲ル、興意親王移大仏照高院江、後元和四年三宮有栖川家相続、称高松好仁親王、

〔諸寺院上申〕

聖護院在住皇子親王御事蹟書

号三宮
濟祐親王 後陽成院第三皇子、母勾當内侍孝子、持明院権中納言基孝卿女、
一本 中和門院准三宮前子、近衛准三宮前久公入道竜山女、

〔中略〕

元和二年　月　日　三井長吏雖御童形、道澄准后御代慶長三年己未長吏永職ナレハ、寺門ノ法式如御存堂以後也、

〔園城寺長吏次第〕

興意二品親王「聖コ院　陽光院第四皇子、
〔朱書〕「慶長十四年五月廿七日寺務職」
元和六年十月七日寂于江戸、四十七才（又四十五）
御州第
三宮　後陽成帝第三皇子、
〔 〕「元和二年寺務職ヲ受ク、
同　四年高松家相續」

元和三年二月十一日

禁裏後水尾ノ當座和歌御會ニ列ス、爾後屢〻禁裏ノ和歌御會ニ列ス、

〔青蓮院宮日記抄〕

元和三年二月十一日参内、五十首御當座、照門竹門予一条殿三宮、其外公家衆十七八人有之、及深更退出、

〔泰重卿記〕
元和二年三月八日、癸酉、晴、禁中御会内々不残廣橋大納言御月次毎度御理之由承候、外様衆ニハ冷泉父子、又中御門大納言等也、上ハ伏見殿、近衛殿、一條殿、聖護院殿、御師弟青蓮院殿、竹内殿也、短尺也、讀上冷泉為頼朝臣也、

〔中院通村日記〕
元和三年五月十一日、晴、今日於御学問有和御当座、自去二月大略四月次也、御製二首、式部卿宮（智仁親王）、兵部卿宮（貞清親王）、三宮（聖護院御児宮）、曼殊院宮、左大将（一条大納言）兼遐卿、三条大納言、公廣卿、中御門大納言、資胤卿、新大納言、光廣卿○（晩）中申下刻事了、自是先有小膳、於番衆所也、宮々於御学問所陪膳季吉朝臣公福等也、置短冊於硯蓋之後入御、無讀上、於内々番衆所令雅胤朝臣取重之、入御之後各退散、

〔内裏御會和歌〕
花雲　　齊祐
ころもいま都の山ハさしなへて
なかめにかゝる花のしら雲
夕立　　齊祐
はれとをる跡も涼しく夕立の
雨ゝそ残る庭のまつ風
元和三年二月十一日
翫梅　　齊祐
君か代もいまそ春へと宮人の
わきてかさしににほふ梅か枝
水鶏　　齊祐
いかなれは夏の夜なからも明やらぬ
まきの戸たゝく水鶏なるらん
嶺　　齊祐
春にみし花のはやしの面影や
峯の駒のこねにかゝるしら雲
元和三年六月十九日

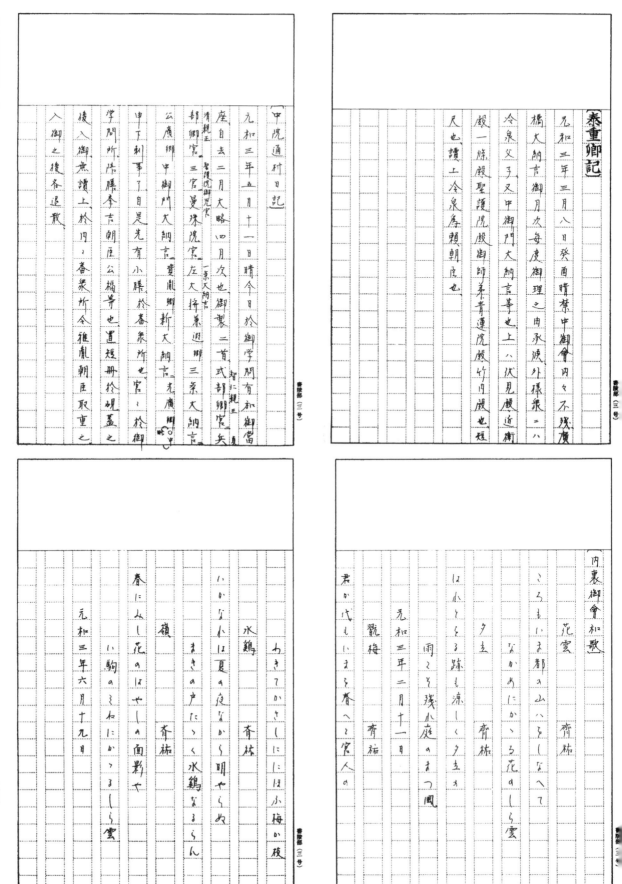

元和三年八月二十六日

上皇後陽成御病篤キヲ以テ、御見舞ノ爲參院ス、上皇、是ノ日崩御アラセラル、

（中院通村日記）

元和三年八月廿六日戊午晴、巳刻仙洞崩御、去自三日〈四日〉比腫物御悩、〈但去月廿四日始而腫物氣僅令見給云々、〉右御肩出現之、癰疽也、（中略）於院中護摩兩座〈聖門主（照高）、竹門主、〉（中略）昨日廿五日夜〈廿六日、未明也、〉寅刻許御絶入、〈去廿三日曉御絶入、少時令取直給、〉暫又令取直給、至此主上推而行幸、〈去十八九日比、禁中女院御殿（御茶々ノ御方）ヨリ至仙洞女御々殿懸殿廊下堅固塞、以女中被（女御御イトコ也）之行幸也、仍御供奉宣衡卿一人云々、〉仰入仙洞、主上令取於仙洞御手給、無御言語、只令流御涙給、許也云々、少時令取御氣付藥於進給、仙洞御云、主上ヲ不令御覽得給云々、此次、〈右府信尋公、三宮一条大納言兼遐卿、大聖寺殿、女三宮、（ママ）妙門新宮、〉等御對面云々、頃之仙洞可有別御殿行幸之由被仰子主上、則常御所ヘ行幸、此後仁和寺宮、八宮等御對面云々、此以前御絶入、令取直給之刻有御辞世、

憂秋之虫乃鳴音能哀ナ母今身之上尓限止曽思フ

御發句

月ナ老ト成末天愛志浮世哉

御口被仰聞云々、式部卿宮、聖門主（照高）、曼門主等為御談合可令引直給之由仰云々、

元和三年九月二十日

上皇後陽成ノ御葬送ノ儀アリ、仍リテ泉涌寺ニ赴キ、御葬儀ニ列ス、

〔義演准后日記〕
元和三年九月廿日、天快晴、早朝出京、就便路泉涌寺順禮了、火屋三間半方、寶形作、東西唐波〔破〕風、同兩方唐戸、南北ハタ板、柱以金欄裹之、水引白地金欄、檜皮葺、四方荒垣、鳥井額アリ、龕前堂四間ニ七間、檜皮葺、ニヌキ、檜柱以下結構也、寶輿八方色々金欄ニテ裹之、金物ニテ皆打ク、ム重纓絡〔瓔珞〕、盡善盡美、供具貳百合餘歟、金薄ニ悉クム盛物二尺程有ラム歟、蠟燭金薄數本、種々結構不可過之、御幸戌刻歟、出御々車、今度新車也、八葉、先取松明二行北面歟、前行、次御車、次諸卿群行、哀傷落涙千行、御幸已前諸門跡并女中御成也、最前御室、次聖護院宮、次大覺寺宮、次妙法院宮、次一乘院宮、〔大聖寺〕御比丘尼、次女三宮、次々々、次々々、右悉舊院皇子也、次院女中衆何モ乘輿也、行粧如形、廬山寺内ニテ見物了、御追號後陽成院、御中陰在所般舟院、

書陵部（三号）

〔泰重卿記〕
元和三年九月廿日、壬午、今日院御所御葬禮、戌剋御車ニテ泉涌寺御幸、供奉衆、三條西中御門大納言、正親町三條、冷泉中納言父子、西園寺中納言（中略）女中御供也、御車ヨリ先御出也、各松明百把ツヽ用意也、各餘也、院御所ヨリ各持衣烏帽子ガラシ也、念珠ヲ手ニ懸也、予父子不思泉涌寺迄御車之後ニ次第歩行ニテ御供也、院衆ハ御車之左右相添御供、諸大夫御香爐二人持、三人ハ松明ヲ持也、

元和四年二月二十五日
禁裏（後水尾）ノ聖廟法樂和歌御會ニ詠進ス、

編修課

〔時慶卿記〕
元和四年二月廿五日聖廟御法楽短尺清書名號奉掛、供香花洗米御酒公宴ニ上

〔内裏御會和歌〕
深更聞荻　　資祐
よひのまハまたなをさきわのうき秋も
更てしらるゝ荻のうは風
聖廟御法楽
元和四年二月廿五日

元和四年三月二十六日
後陽成天皇ノ御忌日ニ當リ、禁裏[後水尾]ニ於テ懺法講アリ、乃チ參內シテ之レニ列ス、尋イデ閏三月二十六日、亦懺法講アリ、其ノ導師ヲ勤ム、

〔青蓮院宮日記抄〕
元和四年三月廿六日參内、於持佛堂懺法有之、導師梨門、其外主上、竹門、三宮、妙新宮、予、於御学問所御齋有之、主上御相伴、巳剋於御学問所論義有之、新宮、予(證義)、恵心院、極楽、栄寿院、恵光房、宝園院、寛林坊(講師)、正觀院(問主)、吉祥院、各鈍色納袈裟、題二界唯滅、
閏三月廿六日參内、於黒戸御懺法、竹門、三宮、予、導師三宮、錫杖予、於御学問所御齋有之、主上御相伴

〔泰重卿記〕
元和四年三月廿六日丙戌、於禁中、山衆八人、門跡両人、妙法院殿・御弟子御所青蓮院殿以上十人、正義恵心院、召衆廣橋大、同頭弁白川二位・五辻三位・阿野父子（〇中略）上ハ八条殿・竹内殿・桃井殿也、後陽成院御命日之故也、

書陵部（三号）

元和四年六月二十日
照高院宮興意親王、陽光院（誠仁親王）ノ三十三回御忌追善トシテ論義ヲ催ス、乃チ照高院ニ赴キ聴聞ス、

編修課

〔時慶卿記〕
元和四年六月廿日□□暑甚
一照門ニ陽光院御追善三十三回御弔有論義、十四人、證義一人、其外ナリ、人天有少善否匙歟、兼約申入参候、但其以前ヨリ鞍馬ヘ立願ノ義、御理申置候、聴衆八條殿・□門・照門弟子・三宮御方・廣大・正親三・雑衆頭久世・岩倉・木工・中川等、不二庵・柔長・花昌・琢等ナリ、

書陵部（三号）

元和四年六月二十四日
八條宮智仁親王ノ第ニ於テ、陽光院（誠仁親王）三十三回御忌ノ法事アリ、乃チ同所ニ赴キ論義ヲ聴聞ス、

編修課

〔智仁親王御年暦〕

元和四年六月廿四日、陽光院三十三年法事、恵心院講師論義アリ、照門跡竹門跡、公家衆連歌衆長（衆）老聴聞はやし能あり、

書陵部（三号）

〔時慶卿記〕

元和四年六月廿四日

一八條殿ニ陽光院御三十三回之御弔御八講アリ、山門衆也、人数八

題者恵心院

一座　講師恵光房　問者正観院

問題天女所散花答可直界内外ニ八

二座　講師西楽院　問者法輪坊

三座　講師円満坊　問者吉祥院

四座　講師承住院　問者蓮蔵坊

書陵部（三号）

五座　講師密厳院　問者福泉坊

問題法身説法私ニ記、法身ニモ説法有子各ニ義也、有之ト云慕彦也

六座　講師松禅院　問者正明房

七座　講師王蔵坊　問者花蔵院

書陵部（三号）

八座　講師日光院　問者正光院、問題家光三身出ニ家光ヲ三身アルカ無数トニ云也、在ニ落着候、

此外五座ハ引論義計ナリ、

一聴衆簾中ニハ御所三宮御方照門竹門廣大方入、正親三中亨・阿野五辻等殿上人ハ簾縁ナリ、時直阿野少将雅楽頭中川入世等也、東福藤長老、柔長老、玄琢法眼昌琢法橋其外地下ノ衆新在家衆等、又宗問紹由慶純文具等来リ講了ヲハヤシ五六番又能アリ、遊座二番アリ、其後各謡乱酒ニ成候、朝ハ御粥又斎肴被下、種々ノ義

書陵部（三号）

ナリ、各取持候衆多候、薄暮ニ退出候、

書陵部（三一号）

元和四年七月二十四日

陽光院誠仁親王ノ三十三回御忌ニ當リ、新上東門院ノ御所ニ於テ御法事アリ、乃チ同所ニ參リテ之レヲ聽聞ス、

編修課

〔時慶卿記〕

元和四年七月廿四日天晴〉女院御所ニテ陽光院御三十三年忌ノ御吊也、庭儀ノ曼荼羅供也、樂人廿人、旗已下座ヽノ義也、十(文)代弟子等在之、日出已前ニ初、九時分ニ了、其各退出、中御門予八相残、與ニ御酒了リ、五辻中院等モ被召ト、二條殿、近衛殿、鷹司、太閤、八條殿、伏見殿、一條殿、其外照門、竹門三宮御方、曇花院御方、御師弟子、光照院殿等、又宮之御方輿聞ニ御座候、其席末ニ憚、有被露、五辻發聲、白川中御門大子等在之、謠ハ無之、後陽成院

書陵部（三一号）

御一周忌ノ中ハ無之ト、仍此義計也、但此披講人唱歌等ノコト不可然義也、但廣大光ヨ唱歌ヲ被申故今日如此ト、

書陵部（三一号）

元和五年正月二十七日

是ヨリ先聖護院ヨリ新上東門院ノ御所ニ退出ス、是ノ日更メテ土御門泰重ニ就キテ読書ヲ始ム、女院女御藤原前子ヲ介シ、泰重ヲ親王ノ師範ニ仰付ケラレシヲ以テナリ、爾後泰重屢〻参殿シテ読書ニ候シ、七月十三日ニ至リ、錦繡段ヲ読ミ竟ル、

〔按〕聖護院ヨリ退出ノ時期明ラカナラズ、泰重卿記元和四年十一月十五日條ニ依レバ、其ノ頃特殊ノ事情アリテ退出セルカ、

〔泰重卿記〕

元和四年十二月廿七日壬午晴、従國母様召候、則致伺公、一乗院殿御礼申入候、國母様被仰候者、三宮御讀書師範御頼被成候ハん由、従女院御所被仰候間、其心得仕候、無異義御返事可申入候て可然候由仰候、條畏之由申上候、夕供御御相伴にて被下候て退出申候

編修課

〔泰重卿記〕

元和五年正月廿七日壬子晴、雲松院御使ニテ従女院御所被仰候者、三宮様へ御讀書以下御師範可参候由仰出候、斟酌トイヘトモ前角難遁様子ニ被仰聞候故、無是非御請申候、則今日吉日之由被仰、致伺公、御讀書在之也、則女院御所様御前へ召出、御盃頂戴、御振舞以後退出申候

二月七日辛酉晴、三宮様致伺公候、御讀書有之也、

九日癸亥雨、三宮様御讀書ニ参候、

十二日丙寅晴、三宮様致伺公、御讀書、晩帰宅、

七月十三日甲午晴、三宮様致伺公、錦繡段御讀書卒、先珎重也

（参考）

〔泰重卿記〕

元和四年十一月十五日庚子、晩ニ国母様ヨリ召

候則致伺公候日取之事被仰付候御隠密之事也、

三宮様御事被仰聞候驚入候也、至深更種々御事

共被仰、——

（参考）

〔諸寺院上申〕

聖護院在住皇子親王御事蹟書

号三宮
濟祐親王　後陽成院第三皇子

母勾當内侍孝子、持明院権中納言基孝卿女

一本　中和門院准三宮前子、近衛准三宮

前久公入道竜山女、

（中略）

（元和）
同　四年　月　日　依勅有栖川家御相

續、後稱高松宮好仁親王、

（参考）

〔諸寺院上申〕

照高院由緒書

興意親王御代

（中略）

（元和）
同　二年　聖門寺務并三井長吏ヲ三宮

壹形ヘ譲ル、興意親王移大佛

照高院江、後元和四年三宮有

栖川家相續、称高松好仁親王、

元和五年七月二十一日

連歌會ヲ催ス、

編修課

（泰重卿記）
元和五年七月廿一日壬寅、晴、從朝飯三宮様ニ御
運哥御興行、正親町三条中納言・中川因書頭・美作
守・六吟也、夜半過ニ終也、

書陵部（三号）

元和五年八月二日
土御門泰重ニ就キテ古文眞寶ヲ讀ミ始メ、翌年
ニ亙ル、

編修課

（泰重卿記）
元和五年八月二日壬子、三宮様致伺公候、吉日之
故古文真宝御讀初、則授申候、
十三日癸亥、午時三宮へ致伺公、御讀書授了、
十五日乙丑、三宮へ致伺公、讀書授了、

書陵部（三号）

（泰重卿記）
元和六年二月三日辛亥、晴天、從三宮御讀書初、古
文真宝秋聲賦一ツ受（授ヵ）申了、

書陵部（三号）

元和六年二月四日

漢和聯句會ヲ催ス、

編修課

泰重卿記

元和六年二月四日壬子、晴天、三宮終日侍平、御客人有之、漢和八句斗有之也、

元和六年二月十八日

祖母新上東門院（誠仁親王妃、藤原晴子、）薨去セルヲ以テ、定式ノ喪ニ服ス、

編修課

泰重卿記

元和六年二月十七日、至申刻中院より女院御所御不例以外之由告来候、驚御見廻可申入所ニ路次ニテ知人ニ相尋候ヘハ御かくれ候よし、中院所参、此由申入候ヘハ驚被申候、同道仕御見廻申入候、又御氣つき、慶蘇生也、夜半之比御他界、言語道断〻〻〻〻、

十八日、幸德井来申候、禁中無服、忌、国母逝御殿一条殿、官様皆着服衣給云〻

〔義演准后日記〕
元和六年二月十八日、女院御他界、御年六十八云々、御腫物也、勸修寺前内府息女、後陽成院國母也、當今御祖也、後陽成院腫物ニテ崩御、奇異、

書陵部（三号）

元和六年八月六日
禁裏後水尾ニ於テ、内々和漢聯句會ヲ催ス、

編修課

〔泰重卿記〕
元和六年八月六日辛亥晴、御番致、同公候、予中院御前へ召也、御隠密之御會三宮御興行和漢、三宮入句被成候、先發句ハ花よりも紅葉はおもふ天津鴈季継卿入句山妝秋景多、三宮此御句予ニ御談合也、可然之由申入候、則両人西堂共召被仰聞御書付也、三宮西堂共退出也、

書陵部（三号）

元和六年十二月三日
中和門院藤原前子親王ノ元服ノ日取ヲ土御門泰重ニ勘進セシム、
〔按〕元服擧行ノ事明ラカナラズ、

編修課

〔泰重卿記〕
元和六年十二月三日丙午、従女院御所様召候、即致伺公、日取之事被仰出候、三宮御元服日時之事也、
九日壬子雨、従女院御所召候、則三宮御元服之事、八条殿無御届之由被仰聞候、

書陵部（三号）

（参考）
〔有栖川宮系譜〕
後陽成天皇第七皇子
好仁親王
（中略）
元和元年八月（アキマヽ）日御元服十三歳御改名好仁、
同年同月同日任弾正尹、或是日叙二品被
称号高松殿

書陵部（三号）

元和七年正月二十七日
連歌会ヲ催ス、

編修課

〔時慶卿記〕
元和七年正月廿七日天晴、早天ヨリ三宮御方御興行連歌出座申候、丁寧ノ御振廻ナリ、亥刻ニ満、予ハ其儘退出候、烏帽子直垂也、陽明三宮御方四辻阿野高倉徳勝院玄仲友甫寿仙伊益予已上

書陵部（三号）

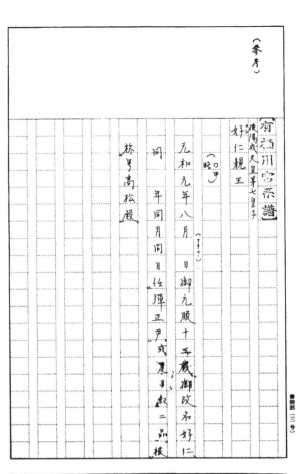

元和七年正月二十八日

禁裏後水尾ニ於テ中和門院ノ夢想連歌御會アリ、
乃チ參内シテ之レニ列ス、

〔時慶卿記〕

元和七年正月廿八日天晴、禁中御連歌、女院御所
御夢想、何むらさきの色はかはらん千世のはる
かけてや契松の藤、御顧主鶴すむ池の汀のどけ
し、御製也、陽明三宮、崙祐ト號、兼熙（マヽ）ハ無御出座、尊
覺、同烏丸、四中、阿中、中々、予、水無瀨、前宰相、右衞門
督、嗣良朝臣、孝治、基音ハ執筆ナリ、亥刻ニ満御席、
小御所御元服ノ間ナリ、御振舞ハ内々ノ番所也、
魚類也、御前ニテモ折、御肴已下魚類也、但シ日中
ハ精進ナリ、晩炊ハ無是非満シテ、又粥アリ、其後

書陵部（三号）

編修課

御學文所へ被召テ臺物色々、又吸物被出、御前へ
モ上、謡ハ予發聲申候、其後ハ各何モ發聲アリ、御
トヨリ五盃ヅヽナリ、予ハ一盃給、御肴陽明也、巡
ノ舞陽明、次ニ予、次烏丸、次水無瀨、次ニ右衞門督
也、其後祝言ヲ謡、各退出候、珍重々々、

書陵部（三号）

〔泰重卿記〕

元和七年正月廿八日辛未、晴、予御番、於御學問所
女院御所御夢想御連歌御興行、主上出御、入夜相
終也、申下刻雨降、

書陵部（三号）

〔夢想連歌〕

元和七年正月廿八日

御夢想之連歌

何むらさきの色はかはらむ　神

千世の春かけてや契る松の藤　御願主

鶴すむ池の汀のとけし

岩たゝむよたりの田つらすきそへて　左大臣

山里つゝく竹の下道　三宮

草墻もかたよる霧の際〳〵に　右大臣

外面の野邊の月の朝風　一乗院宮

（略○中）

神　一　阿野中納言　九

御願主　一　中院中納言　八

御製　九句　西洞院宰相　九

左大臣　九　水無瀬宰相　七

三宮　八　右衛門督　六

右大臣　一　嗣良朝臣　七

一乗院宮　一　孝治朝臣　七

烏丸大納言　八　基青　一

四辻中納言　八

元和七年二月十四日

中和門院ノ御所ニ於テ、中院通村源氏物語ヲ講ズ、乃チ同所ニ参リテ之レヲ聴聞ス、爾後二年餘繼續シテ此ノ事アリ、九年四月二十二日ニ至リテ講竟リ、竟宴アリ、中和門院近衛信尋等ト倶ニ和歌ヲ詠ジ、通村夫々ニ返歌ヲ贈ル、

編修課

〔泰重卿記〕

元和七年二月十四日丙戌晴、女院御所ニテ中院源氏よミ被申、聴聞、伺公申候、御振舞了、

十五日丁亥晴、源氏よミ被申候、御聴聞、左府三宮如昨日、其外阿野中御門其外数人有之、其以後御振舞之也、

十九日辛卯、源氏講尺、聴聞、女院御所ヘ伺公、終日御聴聞也、

廿日壬辰晴、依源氏講尺、女院御所ヘ伺公申候、

廿五日丁酉雨天、於女院御所源氏講尺有之、予伺

公也
三月
五日丁未晴源氏講尺女院御所へ致伺公今日夕
顔巻相終也
七日己酉晴於女院御所源氏御講尺有之也
十三日乙卯晴於女院御所源氏御講尺有之也聴
聞伺公申候今日は八條殿御参候
十七日己未晴於女院御所源氏講尺
四月廿日辛卯晴今日女院御所御講尺有之由承
及候
廿三日甲午晴女院御講尺有之

書陵部（三号）

廿五日丙申晴今日女院御講尺有之由承及候
五月二日癸卯雨天女院御所御講尺有之也
八日己酉晴於女院源氏講尺有之也
十二日癸丑雨天於女院御講尺則聴聞伺公
十八日己未晴今日源氏講尺於禁中有之也
九月廿五日癸亥雨天風吹飯後源氏講尺女院御
所へ伺公
廿八日丙寅晴御禮女院御所へ伺公申候源氏講
尺有之也
十月四日壬申雨天女院御所伺公源氏聴聞仕候

書陵部（三号）

五日癸酉晴今日於女院御所講尺有之由承及候
廿四日壬辰晴源氏御講尺有之也伺公申候右衛
門佐松橋等也乙女半分有之也
廿五日癸巳晴昨日残有之也（臨中）講尺御延引之
事也
廿六日甲午晴天講尺各伺公今日乙女相終也
十一月四日辛丑雨天雹相交也於女院御所源氏
講尺予伺公仕候乙女相終也
七日甲辰今朝雪於女院御所御講尺伺公聴聞
玉鬘也

書陵部（三号）

十二日乙酉晴今日於女院御所源氏講尺有之由
承及候
十三日庚戌晴今日源氏御講尺有之由承及候
十四日辛亥晴今日於女院御所源氏講尺有之也
十二月四日辛未晴源氏講尺聴聞申候

書陵部（三号）

泰重卿記

元和九年二月十五日乙亥晴、於女院御所源氏講
尺相始也、
十九日己卯晴、於女院御所源氏講尺有之、
廿日庚辰雨天、源氏有之、
廿一日辛巳雨天、源氏物語有之、
三月十日庚子於女院御所源氏有之也、
十四日甲辰晴、予女院御所へ源氏聴聞伺公、
十五日乙巳晴、予女院御所へ源氏聴聞伺公、
十六日丙午晴、然共終日陰也、源氏聴聞伺公也、

書陵部（三一号）

九日己巳晴、於女院御所源氏予聴聞伺公仕候、果
座半分相終也、
十四日甲戌晴、為源氏聴聞女院御所へ伺公申候、
十五日乙亥晴、飯後女院御所へ為源氏聴聞伺公
仕候、
十六日丙子晴、飯後女院御所へ為源氏聴聞伺公
廿日庚辰晴、於女院御所源氏講尺有之也、予聴聞
伺公仕候、手習半分也、
廿一日辛巳晴、午時少雨降、於女院御所昨日手習
與半分残所相済也、

書陵部（三一号）

（廿日）
廿一日庚戌晴、於女院御所源氏御講尺聴聞伺公
しいかもと今日相済也、
廿一日辛亥晴、源氏有之由承及候、
廿二日壬子晴、源氏聴聞女院御所へ伺公、
卅日庚申晴、於女院御所源氏早厳相終、
四月二日壬戌晴、於禁中源氏講尺、女院御所聞召
候、予伺公聴聞仕候、（中略）上ハ八近衛殿・三宮・青蓮
院殿・帯也、晩御振舞アり、御前供献被下候、及深更
退出也、
三日癸亥晴、於禁中源氏聴衆如昨日、

書陵部（三一号）

廿二日壬午晴、各従早朝伺公、夢浮橋相終、大部物
語一部今日相終、公私共珎重不過之候、不聞御聴聞
衆近衛殿・三宮・青蓮院殿・北畠・予其外御衆先後遅
速有之也、中院へ御焼物一なつめたとうかミにてつゝむ也、
銀子十枚被遣候、御振舞以後近衛殿・三宮・阿野女
院御所御哥アり、通村御返哥申上候、早今日尤竟
宴之故大供献、上下共被下候、絶酔無正躰候、

書陵部（三一号）

通村家集

元和八(九カ)年四月廿二日女院にて源氏物語の講談おハりしに

女院御方

あかなくもさらに見はてぬ心ちして
残を思ふ夢の浮橋

御かへし

うち渡す夢のうきはしけふハ猶
うれしき世にもかけて見るかな

左大臣信尋公

書陵部（三号）

一たびハうち渡りてもおほつかな
なをしるへせよ夢のうき橋

かへし

しるへしておほつかなさは中〳〵に
人ハたどらぬ夢のうき橋

三宮好仁親王

浅からぬをしへしなくハ渡るへき
道やハしらぬ夢のうきはし

かへし

わたるてふなさへ忘れて今はたゞ

書陵部（三号）

見つとなかけて夢の浮橋

書陵部（三号）

元和七年二月十七日

新上東門院ノ一周御忌ニ依リ、追善ノ連歌會ヲ催ス、尋イデ十八日、泉涌寺ニ参詣ス、

編修課

〔時慶卿記〕

元和七年二月十四日朝霞晝晴風五

一三宮御方ヨリ来十七日ニ可参候御連歌新上

東門院御追善ト予ハ所労ノ御理申入、

〔時慶卿記〕

元和七年二月十七日天晴

一新上東門院御一回忌於般舟院ニテ在之、少々

参上候衆在之ト、御在世ノ中ハ一切般舟院ニ

テ無之、泉涌寺計ナリ、今ハ内ノ御計ニ依ナリ、

十八日雨天

一早朝泉涌寺ヘ詣、御焼香料三十疋上、有頓写五

巻ノ十一ヲ一把書寫候、依所望名字ヲ下ニ書

付候、旧院ノ女中衆モ皆々被越候、帥殿、二位殿、

雲勝院殿、少納言殿、音書殿、越後殿、新中納言局

等、宝光院、等瑞庵、三宮御方北面ニハ丹家攝津

守、速水長門守等各奉公ノ衆参上候、

元和七年二月三十日

連歌會ヲ催ス、

書陵部（三号）
編修課

（時慶卿記）

元和七年二月卅日、天晴、暖気、

一三宮御方ニ八連歌アリ、予ハ理申入、陽明御出座、時直参仕候、

書陵部（三号）

元和八年八月二十六日

後陽成天皇ノ御正忌ニ當リ、追善ノ和歌ヲ詠進ス、

編修課

（内裏御會和歌）

唯有一乗法　　齊祐

いひつたへきゝつたへてもあふく哉

たゝふたつなき法のをしへを

現世安穏　　齊祐

のちの世もさそやすからんをのつから

うき事しらぬおりにあふゝは

後陽成院御正忌

元和八年八月廿六日

書陵部（三号）

元和九年二月二十九日

禁裏（後水尾）ニ於ル一條兼遐興行ノ漢和聯句會ニ列ス、

編修課

〔泰重卿記〕
元和九年二月廿九日己丑、晴、御學問講、一條殿漢和一會御興行、人數左府・右府・三宮・阿野中納言・右衛門佐・高倉中將・園中將・予、御聽聞時ニ有御製、入夜亥刻許滿紙、

寛永元年八月十五日
禁裏（後水尾）ノ明月詩歌御會ニ列ス、

〔泰重卿記〕
寛永元年八月十五日丁酉、晴、午時雨降、今日依為明月詩哥御會有之也、御人數次第不同、關白殿・三宮・三条西・中御門大納言・平宰相・水無瀬前宰相・平三位・飛鳥井・冷泉・平松・予・晫長・光章・西堂・光・西堂・勝西堂、題三十首、飛鳥井次第公家衆取畢、其以後五山衆取被申候、着座之時如此候、公家衆末座予也、予以後晫長老被着座候、三条西依下知如此候、月前露と云題候、（〇中略）清書直持參、窺叡慮、秉燭之時各伺公、よミよリ有之也、時興朝臣也、

寛永元年八月二十六日
後陽成天皇ノ御正忌ニ當リ、禁裏（後水尾）ノ小御所ニ於テ延暦寺僧徒ノ論義アリ、乃チ參内シテ之レヲ聽聞ス、

編修課

〔青蓮院宮日記抄〕

寛永元年八月廿六日參內、懺法如例、今日於小御所有論義、講師惠光房、問主大貳、精義惠心院僧正、聽衆八條殿、妙門、三宮、公卿殿上人、昭西堂、金西堂等、

書陵部（三号）

〔泰重卿記〕

元和十年八月廿六日戊申、後陽成院御忌月忌日、竹門、青門御齋御參、叡山衆論義有之也、

書陵部（三号）

寛永二年五月三日

禁裏後水尾ノ漢和聯句御會ニ列ス、

〔御湯殿上日記〕

寛永二年五月三日はるゝ、かんわの御くわゐあり、三の宮の御かたおとゝたち、五山のしゆう御人しゆうせく、御ニと出る、

書陵部（三号）

編修課

寛永二年五月二十日
禁裏後水尾ノ連歌御會ニ列ス、

編修課

御湯殿上日記

寛永二年五月廿日はるゝ御れんかあり三の宮
の御かたおとこたち御人しゆうなり、

書陵部(三号)

寛永二年八月三日
禁裏後水尾ニ於テ烏丸光廣、伊勢物語ヲ講ズ、乃チ
參内シテ之レヲ聽聞ス、爾後數度此ノ事アリテ
二十七日講竟ル、

編修課

御湯殿上日記

寛永二年八月三日はるゝからすま丸大なこんに
せ物かたりの御かうしやく御申ありくはんは
く殿三の宮の御かたたけのうち殿しやうかん
院殿御さんたいありおとこたちもしこうあり
はてゝ後御ふるまひあり、
七日ふるいせ物かたりの御かうしやくあり御
所〳〵なるおとこたちもしこうなり、
十日雨ふるいせ物かたりの御かうしやくあり
十四日はるゝいせ物かたりの御かうしやくあ

書陵部(三号)

り、御所〳〵なるおとゝたちもしこう也、
十七日、雨ふる、いせ物かたりの御かうしやくあり、御所〳〵なるおとゝたちしこう也、
廿日、はるゝ、いせ物かたりの御かうしやくあり、
廿二日、雨ふる、いせ物かたりの御かうしやくあり、
廿七日、はるゝ、いせ物かたりの御かうしやくあり、御所〳〵なるおとゝたちもしこう也、御ふるまいあり、御かうしやくけふにてすみてからす丸大なこんへ御あはせ三つひしくい下さるゝ、

書陵部（三号）

〔泰重卿記〕
寛永二年八月十四日、庚寅、晴、（時〇中）御着伺公、拝竜顔、今日伊勢物語講談有之也、烏丸大納言光廣卿也、聽衆数多有之也、相終各退出也、予・四辻、終日侍御前、三宮・八宮御相伴にて供御参、晩御退出也、
廿日、丙申、晴、禁中へ伺公仕候、講尺承候、

書陵部（三号）

寛永二年十月二十七日
親王家創立ノ御沙汰ヲ拝シ、高松宮ノ称号ヲ賜ハル、居処ハ新上東門院（誠仁親王妃 藤原晴子）ノ遺跡（萬里小路一條北）ヲ繼承ス、

〔御湯殿上日記〕
寛永二年十月廿七日、はるゝ、三の宮の御方けふたか松の宮になしまいらせられて御礼になる、御たちおりかみにて御礼有、つねの御所にて御さかつき二こんまいる、

書陵部（三号）

編修課

泰重卿記

寛永三年二月二日丙子今晩女院御所新上東門院御旧跡高松殿三宮へ御幸也、

書陵部（三号）

泰連宿禰記

寛永五年二月十一日戊午今日親王（高松宮好仁親王）御方自御荘所萬里小路一條北御在所令渡御新殿給、其所南門有栖川宮御在所大路南也、

書陵部（三号）

寛永三年二月二日

中和門院ノ御幸ヲ迎ヘ、宴ヲ催ス。

編修課

泰重卿記

寛永三年二月二日丙子晴今晩女院御所新上東門院御旧跡高松殿三宮へ御幸也、予阿野両人御忍ニテ御供伺公仕候、御振舞事外御馳走共也、大御酒沈酔帰宅申候、

書陵部（三号）

寛永三年二月八日

新上東門院ノ七回御忌ニ依リ、御殿ニ曼殊院宮良恕親王及ビ延暦寺ノ僧徒ヲ招キテ法事ヲ修ス、中和門院去ル六日ヨリ逗留シテ法事ヲ聴聞セラル、

編修課

〔泰重卿記〕

寛永三年二月六日庚辰晴、今晩女院御所高松殿御幸供奉之由被仰下候、然共御所御用子細依有之不参、晩雨事外降也、

七日辛巳雨天、雪亦降也、飯後高松殿へ御見舞、女院御所御成也、明日御法事大阿ハヤ懺法也、竹門御導師、衆僧十三口、比叡山衆也、花筥役相談也、今晩中院へ参、予・右金吾・七条等也、散花役者永慶朝臣・季吉朝臣（〇中略）着座廣橋大納言・正親町三条中納言・白川宰相等也、入夜退出、

書陵部（三号）

八日壬午晴、従早朝伺公、今朝御法事曼荼羅供、僧衆如昨日、役者同前也、御法事畢御酒宴、御酌にて御とまり有る也、

九日癸未晴、御精進ほとき御振舞伺公、召之衆阿野・白川・正親町三条（〇中略）晩ニハ高松殿御振舞、能構也、大御酒也、夜半還幸、供奉仕退出也、

書陵部（三号）

〔青蓮院宮日記抄〕

寛永三年二月八日、於高松宮新上東門院第七回忌追善胎曼供、導師竹門、讃衆十四口、着座公卿三人、花籠殿上人、女院御幸云々、

書陵部（三号）

〔官公事抄〕
寛永三年二月八日壬午、晴、
於高松殿、為新上東門院七回忌被修行曼荼羅
供、
導師二品良恕親王　伴僧十二口
着座廣橋大納言總光卿　正親町三條中納言實有卿
白河宰相雅朝卿

編修課

寛永三年九月七日
天皇、後水尾昨六日将軍徳川家光ノ滞在スル二條城ニ行幸アラセラレ、御駐輦五箇日ニ及ブ、仍リテ是ノ日、二條城ニ参入シ、舞御覧ニ際シ箏ヲ弾ジ、饗宴ニ臨ム、翌八日、再ビ登城シテ和歌御會ニ列シ、引續キ管絃御遊ノ箏ヲ弾ズ、尋イデ九日、亦登城シテ能ヲ陪覧ス、家光、親王ニ太刀及ビ銀二千兩・綿衣二十領ヲ贈ル、尚、親王、是ヨリ先、弾正尹ニ任ゼラレ、尋イデ諱齊祐ヲ好仁ト改ム、

〔平田職忠職在日記〕
寛永三年九月六日、自前晩雨頻洒、至日出既晴雲、今日行幸將軍
家、新田殿、
（〇中略）
七日、快晴、有舞御覧、舞臺修理職奉行而構之、舞終而撤之、
幔骨木工寮奉行之、同覆大藏省奉行之、侍座之幔以段子覆之、樂人左右之幔以紺白
布覆之、又引纐纈之幔、黑赤地唐綾紙紋縞之、舞臺地敷幔四方、
舞樂之次第、先樂人入中門之時、發音聲、次吹調子、
次樂行事左中將嗣良朝臣右頭中將基音朝臣入中門、立樂座前、舞樂
人列立于庭而舞一曲、舞畢入樂座、次左右樂行事
經本路退、
先左右振鉾伯近元秦兼秋、次万歳樂伯近元友安近盛近慶友久近朝、次延
喜樂秦兼秋兼貞廣光多忠行忠貞忠常、
次青海波、
序　輪臺、通純中院侍從、雅昭飛鳥井侍從、勝忠左京大夫、宗朝治部大輔、
破　青海波、公理四辻侍從、時良西洞院侍從、
右着麹塵闕腋袍、下襲紅葉、表袴紅葉、冠巻纓、野太
刀、蒔繪平緒、紫淺、絲鞋、
青海波二人菊插頭、
垣代三十四人、舞人六人、已上四十人也、

古舞人六人、垣代十四人之内、青取、笙康朝臣
篳篥孝忠朝臣、笛信孝、以上侍臣也、伶人十二人
御随身八人、地下也、
御所作御箏
箏　弾正尹宮斉祐親王　高松殿
琵琶　兵部卿宮　伏見殿　貞清親王　同兄御所
西園寺宰相中将実晴卿　公根小倉侍従
箏　関白殿　左大臣信尋公　右大臣兼遐公　一条殿　前関白　九条殿忠栄公
四辻中納言季継卿　忠定清水谷侍従　通式久世少将
右之箏　公卿之御料殿上人侍臣之分、六位蔵人持参之、
笛　左大将鷹司殿　右大将九条殿忠象卿

隆朝備前侍従　地下　狛近直　直葛　元朝　友久、
笙　内大臣二条殿康道公　言総山科少将　公文花園侍従
狛近元　友隆　近長　豊知　秋、
篳篥　右衛門督西洞院時直卿　虎在　村氏　庚橘部少輔
狛近次　近光　近慶
鞨鼓　狛近弘
太鼓　狛近益
鉦鼓　狛近正
右公卿着座簀子、其末構打板敷圓座為殿上人之座、同方砌構打板敷圓座為地下楽人之座、

垣代次第入中門、舞人打須知可倍逆匝庭中、謂之大輪、當御座之前東西作輪、謂之小輪、青海波舞人六人之外作輪、
序破在両舞人輪内、次一行平立、
次舞人打須知可倍順匝前、上臈在前、下臈在後、
次敷手　秦兼秋　兼貞　広光　兼護
次陵王　狛近元
舞終刻、自御座間西方衣菊紅衣袴打被推出、間
自進寄於御簾下取之、於階賜舞人、乃掛左肩、
一曲舞退、謂之禄手舞云々、

次納蘇利　多忠辰　多忠清
舞終刻、右大臣取禄紅葉衣袴、於階賜舞人、掛右肩、
一曲舞退、今一人之舞人欲入楽座時、内大臣
召還賜禄如右、
次左右舞終退出、音声長慶子、
八日　小雨洒、有和歌御会并管絃御遊、并雲客之座末構打板為地下楽人之座、修理職奉行之、
九日　半晴半雨、猿楽九番御覧、々々之儀也、於殿上板間両向出納、諸司着位袍者之限見物、并院官司北面等、又諸大夫坊官衆各見物同所也、

十日晴風碧天、秋日晃朗、今日還幸云々、

孝亮宿祢記

寛永三年九月七日丙子晴、今日於二条亭伶人舞楽
有之、摂関家門跡方等御成、公家衆両局并各祗候、
被下御料理、諸家并両局近昼之間在二条亭、入夜
退出、
八日丁丑雨降、詣二条亭也、諸家衆各祗候、今日和
歌御会并郢曲有之、今日自摂関家以下六位蔵人
自大樹拝領物有之云々、摂家方銀二百枚、金作太刀、小袖十重宛云々、室
方御門跡方大中納言参議并余可尋、殿上人白銀卅枚、小袖五云々、
九日戊寅雨降、参二条亭、於二条亭猿楽有之、大夫四座
難波、田村、源氏供養、紅葉狩、道成寺、藤栄、熊坂、猩々乱等也、

二條亭行幸記

寛永三丙寅年九月六日、行幸従兼日定辻固之役、
凡自四足之御門至于惣門六町一段、自惣門至于
二條之第東之門限十七町九段二間、合二十四町
九間也、辻固之烏帽子着課諸大名役之、但惣門之
内者駿河尾張紀伊三大納言水戸中納言家中衆
固之、其列不乱、職次威儀厳粛、蓋每小路備弓鉄炮
鑓長刀固之、禁中御留守御番自武家差定八人、各
召具家来伺候、御菓地之外固門門兼日被定之、
供奉諸公家騎馬之龍蹄悉従武家調進、

七日行幸之翌日快晴、
（中略）
宮衆摂家衆先宮〔官〕大臣諸門跡衆諸公家衆不残為舞御覧出仕、并諸大名衆諸大夫以下不残伺候、
至未刻舞御覧、主上出御、階間御簾際兼設御座、一畳御茵、
西間中宮女院御座、一畳宛御茵、同間姫宮女二宮御座、但無畳、
東間大相国将軍家御座、以屏風圍之、同間東二間親王衆門跡衆前官大臣衆之座、関白以下公卿殿

（中略）
舞畢於御内々七五三御膳、
宮衆摂家衆前宮〔官〕大臣於小廣間上壇下之間有點待、七五三、金銀之膳部也、逐一之御前金銀之臺物盡美麗、
左座
八條宮　伏見宮　八條若宮
伏見若宮　西園寺前右大臣　花山院前右大臣
右座
関白近衛左大臣　一条右大臣　高松宮

上人自縁至平張列坐、兼敷圓座、
（中略）
御所作　御箏
簾中
兵部卿宮伏見貞清親王　琵琶
彈正宮高松杏栫親王　箏
御児御所伏見若宮　琵琶
簀子着座
関白左大臣信尋　箏中山頭中将元親朝臣絃持参
右大臣一条兼遐　箏東坊城長維朝臣絃持参

鷹司太閤　九條前関白　二条内大臣
左大将鷹司　右大将九條
（中略）
同晩至宮衆接〔摂〕家衆門跡諸公家衆地下各有賜、或白銀三千両綿衣二十領、或二千両千両五百両、綿衣十領五領、依仁体有甲乙、見左録、宮衆公家衆被添御太刀一腰、共名作、
當晩歌之御會可有之由、雖兼日治定、依可及深更被延來日、
八日第三日小雨洒

（中略）

殿主御覧、但依數奇、中宮、女院御随従、

此儀依為戒縁道悉布紅氈狹間以下垂御簾四方

遠景叡覧、數刻下御、

於御内々御膳被献數般之珍羞、

及暮色和歌之御會資始、備御所階之間之闕除之

鈎東南之御簾、燈臺三所座上、

御座二疊繧繝縁設茵、

主上御座東面疊廻數高麗縁、

左座

太相國御直衣御衣朽葉固織物御紋鶴菱、御指貫蒲黄唐織物御紋丁子丸、

關白近衛左大臣直衣々色黄紋立涌杜若、

二品伏見宮直衣々色黄紋紅葉浮織物、指貫蒲黄唐織物紋藤之丸、

太閤鷹司、

内大臣二条直衣々蒲蘇芳織色紋唐松、指貫、

新大納烏丸、

左大将鷹司衣蒲蘇芳紋亀甲、

右大将九条衣黄織色紋唐花指貫、

宰相柳原、

右座

将軍家御直衣御衣紅浮織物御紋鶴菱、御指貫紫唐織物御紋丁子之丸、

右大臣一条、衣生浮織物紋菊樗生浮織物紋藤之丸、

一品八条宮、直衣々蒲紫紋枝菊指貫黄唐織物紋藤之丸、

無品弾正宮、衣黄浮織物紋紅葉散樗唐織物紋鳥襷、

前関白九條

大納言尾張

大納言紀伊

大納言駿河

中納言水戸

以上十八人、次第着座、兼設読師講師之円座、於御

座前頭中将基音朝臣持燈臺置講師之円座之左、

勧修寺弁経廣持文置燈臺之上、高倉中将嗣良朝

臣盛懐紙於硯蓋置読師之円座之前、内大臣起座

就読師之座、冷泉中将為頼朝臣就講師之円座、四

辻中納言役発声、就講師之後左方、無円座、其次日

野大納言、其次中院中納言、三條大納言、就講師之

後右方、其次阿野中納言以上五人公卿分講頌之

衆也、飛鳥井中将高倉中将綾小路少将持明院侍

従、以上四人殿上人為講頌衆、候南簀子、自柳原宰

相懐紙次第上講之至三条大納言懐紙一返親王

大臣之懐紙三返、大相國并将軍家之懐紙五返、主
上之御懐紙七返、但主上之御懐紙之時者先読師
帰着本座、講師者退、縁其時関白移読師之縁座、烏
丸大納言就講師之円座、発声講頌之衆者如元被
講畢而主上入御之時着座之公卿下円座一揖、入
御之後安座而後各自本座退出、

詠竹契遐年和歌

もろこしの鳥もすむへく呉竹の
すくなる世ゝそかきりしられね

秋日侍行幸二條亭同詠

書陵部（三号）

竹契遐年和歌
太政大臣源秀忠

呉竹のよろつ代まてとちきるかな
あふくにあかぬ君か行幸を

左大臣　源家光

行幸するわか大君は千世ふへき
千尋の竹をためしとそおもふ

三行四字以下同前
関白左大臣信尋

萬代もかはらぬ色に國民の
なひくすかたや庭の呉竹

書陵部（三号）

右大臣　兼遐

限なき御代に契らんやちとせも
ときはかきはの庭のくれ竹

式部卿智仁親王

いくちとせ契をくらしくれ竹の
よゝにことたる行幸まちえて

兵部卿貞清親王

いくとせも葉かへぬ竹の色そひて
きミかみゆきを契をくらし

彈正尹好仁親王

書陵部（三号）

つきせしなすくなるからに呉竹の
よろつの国もみなゝひく世は

（中略）

題者　雅胤
読師　内大臣
講師　為頼朝臣
御製読師　関白
講師　日野新大納言

御遊、和歌御會終而儲御所庇間共敷畳東南下御
簾、庇間東御簾之際設御座、次間御簾之内大相國

書陵部（三号）

將軍家御座、各宮〔攝〕家衆伺候、
調子　平調
催馬樂　伊勢海　狛子　樂子繼
及百〔餘〕除年斷絶、今度下別勅於四辻中納言
季繼再興、
萬歳樂
林歌　残樂
朗詠　德是
泰平樂急
夜半樂　残樂

書陵部（三一号）

朗詠　嘉辰
慶德
簫　中
御所作　御箏　催馬樂
關白　箏
右大臣　箏
兵部卿宮　琵琶
彈正宮　箏
御兄御所伏見宮　琵琶
（中略）

九日　第四日　半雨半晴
朝御膳御内々儀
今日猿樂叡覽、大廣間上壇之下之間重御簾、御簾之際中敷御座疊設茵為主上之御座、左敷御座疊設茵為中宮之御座、右敷御座疊設茵為女院之御座、儲之御所至大廣間緣通以屏風圍之、筵道敷布毯、蓋猿樂御覽密々之儀也、
宮攝家前官大臣、諸公家諸門跡、諸大名以下諸大夫不殘出仕、
次之間掛御簾以屏風圍之、為大相國將軍家之御座、
其次重御簾為宮攝家先官大臣諸門跡之座、駿河尾張紀伊三大納言水戸中納言御同座、此外之公卿殿上人各伺候緣兼敷圓座、以廊下為大名以下諸大夫衆之座、以殿上之間緣為諸司宮司院司北面諸大夫坊官等之座、猿樂以前造花之菊叢朵白銀之手桶三一者紋菊水、二者葵丸、長一尺五寸廻三尺從大相國御進上、叡感殊甚矣、猿樂之内御膳數度、金銀之臺物以下陳列、但御内々儀、女中之外不如之、
猿樂九番

儀樂三番過而公家武家各於前々之間有點待一二三諸皆用金銀、其後於見物之席出金銀之臺物、勧盃數返、儀樂以後各雖點待用意、御洗酔再三御理依有之秉燭之程退出、

書陵部（三号）

從將軍家諸家拜領之目録

一御太刀　一腰　関白

白銀　三千両

綿衣　二十領　花様絹繻子白綾嶋鵑以下同

一御太刀　一腰　一條

白銀　二千両

綿衣　二十領

一御太刀　一腰　八條宮

白銀　二千両

綿衣　二十領

書陵部（三号）

一御太刀　一腰　伏見宮

白銀　二千両

綿衣　二十領

一御太刀　一腰　高松宮

白銀　二千両

綿衣　二十領

（以下略）

書陵部（三号）

（參考）

〔内裏御會和歌〕

寄草恋　斉祐

引すつる杣木も中のおもひあらは

かひなき物ともえハはてなて

寛永三年六月廿五日聖廟御法楽

秋日詠七夕硯

和歌

弾正尹斉祐親王

星のためすゝりそならす梶の葉に

言の葉そへん秋ハけふとて

書陵部（三号）

寛永三年七月七日和哥御會

（参考）

（内裏御會和歌）

寛永第四正十九

初春松　好仁

あさみとり柳ハいろもわかぬまに
松やちとせの春をみすらし

同四年七月　月次御會和歌

路薄　弾正尹好仁親王

秋の野のゝいく村すゝきほにいてゝ
道まきりあへぬそてとみゆらん

寛永四年正月十九日

禁裏後水尾ノ和歌御會始ニ詠進ス、

編修課

（資勝卿記）

寛永四年正月十九日、和歌御會始、講師光廣卿、講師時長、發聲季繼卿、講頌三條大納言實條公、和歌奉行予、廣橋大納言總光卿、中院中納言通村卿、善也、殿上人冷泉中將、

書陵部（三号）

内裏御會和歌

寛永第四正十九

初春松　好仁

あさみとり柳ハいろもわかぬまに
松や千とせの春をみすらし

書陵部（三号）

孝亮宿祢記

寛永四年三月廿七日甲午高松宮江戸初而御下向云々

書陵部（三号）

寛永四年三月二十七日

京ヲ發シ、初メテ江戸ニ下向ス、

編修課

寛永四年四月十四日

江戸城ニ赴キ、将軍徳川家光ニ對面シ、年始竝ニ高仁親王ノ親王宣下ノ賀詞ヲ述ブ、十六日、再ビ登城シ、饗應ヲ受ク、尋イデ二十二日、西丸ニ赴キ、前将軍徳川秀忠ノ饗應ヲ受ケ、五月六日、亦同所ニ於テ能ヲ觀覽ス、夫ヨリ日光山ニ參詣シ、二十二日京ニ歸著ス、

編修課

〔徳川實紀〕大猷院殿御實紀

寛永四年四月十四日勅使三條大納言實條卿中院中納言通村卿親王使岩倉木工頭具堯其外高松彈正尹好仁親王其供奉として阿野中納言實顕卿小倉侍従實爲も参向あり、轉法輪中納言實秀卿、土御門左衛門佐泰重は継目を謝して参向す、年始并に皇子親王宣下の賀きこえ参らせられ御太刀杯まいらせらる、親王は西福寺を旅館とし、館伴は松平内膳重則つかふまつる、

十六日公卿御饗應あり、

廿二日西城にて公卿を饗せらる、

五月六日公卿西城にまうのぼり饗應せられ猿樂見せしめらる、

書陵部（三一号）

〔吉良家日記〕

三十五　寛永四年卯四月勅使御礼次第、御装束　御小廣間

（〇中略）

右御年頭之御祝儀相濟親王宣下之御祝上ル、

三十六　同時高松殿御礼之次第、

一高松殿御礼上壇則着座　御太刀上壇　御進物下壇

右着座之内御礼次第

高松殿供　阿野中納言

継目御礼　轉法輪中納言

同　土御門左衛門佐

高松殿供　小倉侍従

高松殿家人　小野左近
江野外記
本江右近
板坂由庵薬

右御礼相濟退出之刻、御送り有之、

一高松殿御宿　西福寺　松平内膳正

書陵部（三一号）

（本光國師日記）

寛永四年卯月廿六日、久我中将殿へ返書遣ス、案左ニ有之、

一、三月廿三日之尊書、卯月七日於江戸致拝見候、傳奏衆御下向御仕合無殘所、御歸洛ニ候、高松様從是日光へ御成之由ニ候、爰許之様子各可有御物語候（○中略）猶期後音候、恐惶謹言、

卯月廿八日　金地院

以上

久我三位中将殿　尊報

（東武實録）

寛永四年五月六日、高松三條中院江戸參向ニ依テ、西ノ丸ニ登營、是ヲ饗應、猿樂アリ、

（孝亮宿祢記）

寛永四年五月廿二日、戊子、高松殿從江戸有御上洛、

（青蓮院宮日記抄）

寛永四年三月廿七日、高松殿江戸下向、五月廿日上洛、

寛永四年九月十三日

禁裏後水尾ノ名月詩歌御會ニ列ス、

編修課

〔資勝卿記〕

寛永四年九月十三日丙子雨天、今日明月ニ依テ於禁中詩哥御會有之由也、關白八条殿高松殿竹門主青門三條太烏丸太中院中西洞院入道平松土御門左衛門佐、晫長光伺公にて御服一重拝領之由也、

書陵部（三号）

〔内裏御會和歌〕

寛永四年九月十三夜　當座御會和歌

九月十三夜

光あることよひの月のことのはに

くもるうらみこわすれてやさん

月夜風　好仁

いくたひか雲をはらひて天津風

更行月のひかりそへりん

月前露　中晫

雨晴秋氣滿庭濡　桂魄舒光照緑蕪

書陵部（三号）

應是天公無盡藏　露華月色夜明珠

（晫の中）

月前席　好仁

しく物もあらしとそみる色ふかき

紅葉むしろの秋のよの月

（晫の中）

寄月懐旧　好仁

古のたかゝたみとか詠まし

月にしのはぬ人しなけれハ

書陵部（三号）

寛永五年正月十二日

中和門院、去ル二日ヨリ宇治大和田ノ別業ニ逗留ス、乃チ是ノ日、存問ノ為、同所ニ参向ス、七月二十九日亦此ノ事アリ、既ニシテ九月十三日、大和田ヨリ帰京スル女院ニ供奉ス、

編修課

〔時慶卿記〕

寛永五年正月二日、女院ハ今朝大和田ヘ御幸、

書陵部（三号）

〔本源自性院記〕

寛永五年正月十二日甲戌晴、朝礼者数輩、午時大和田参勤、盃数献、右大臣高松伺公、

十三日乙亥晴、今日帰京、従岡屋乗舟至伏見、舟ヨリヨル、入夜帰宅、

書陵部（三号）

〔時慶卿記〕

寛永五年七月廿九日、天晴、日出ニ大和田ヘ御見廻ニ越候、（昧〇中）御振廻也、次間御対面、御盃両度屏

儀ナリ、帥殿同心也、高松殿御座候、暫御物語申候、

書陵部（三号）

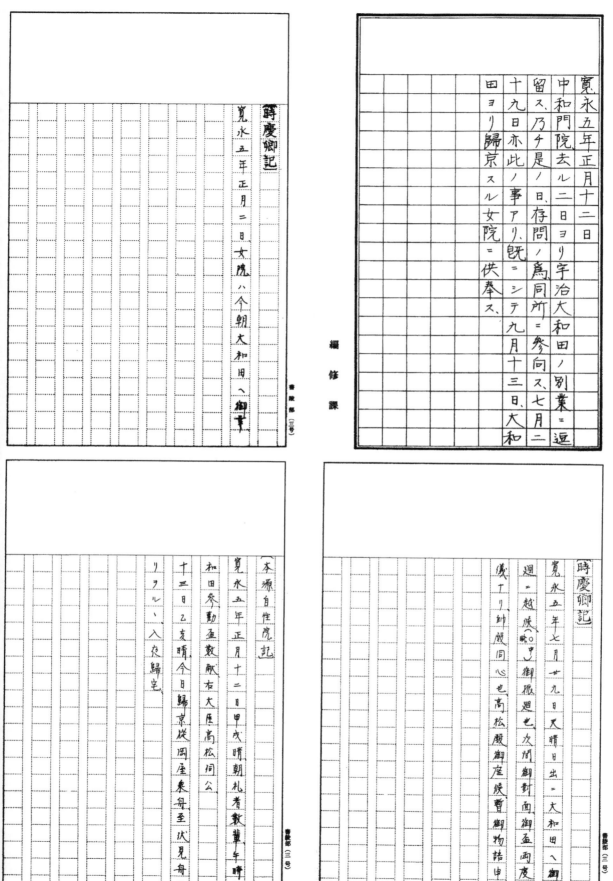

（本源自性院記）
寛永五年九月十二日辛未雨、女院御所従大和田
今晩還幸、陪聞、供奉高松宮・阿野中納言・水無瀬前
中納言等云々、

寛永五年四月十七日
天皇後水尾、徳川家康ノ十三回忌ニ當リ、宸筆ノ般
若心經ニ添ヘテ御製及ビ諸家詠進ノ法華經二
十八品ノ和歌ヲ東照宮ニ納メラル、乃チ之レヲ
詠進ス、中和門院亦贈經ノ事アリ、其ノ依囑ヲ受
ケ、陀羅尼經ヲ書寫ス、

編修課

（大内日記）○國立公文書館蔵
寛永五年三月廿三日、中院京出、其外山三門跡役
人・公家衆其外役人等廿六七八日頃ニ東海道
通日光ヘ下向、是ハ當四月十七日東照権現十三
忌ノ御トフラヒノ爲也、御修行ノ爲禁中ヨリ勅
筆ノ心経、中宮御所ヨリシガ経、是ハ竹内御門跡
被爲書候、中宮ヨリ御使ハ勧修寺中宮ノ大進ヲ
被遣候、女院ヨリ陀羅尼経ヲ被遣候、筆ハ高松殿、
御使岩倉木工、禁中ヨリ御製並公家衆哥ヲ被遣
候、廿八品ノ哥ノ由、御使ハ北畠少将殿、勅筆ノ御
経共ニ、

（内裏御會和歌）

照于東方

いちしるし妙なる法にあふさかの
せきのあなたをてらすひかりハ

諸方實相　智仁

ミてたにも手にとりとめぬ姿まて
何かハもかん法のまことに

悉是音子　貞清

世の人の心のやミもまよハしの
をしへたへなる法のたらちね

書陵部（三号）

浄佛國土　好仁

くもりなき仏の國をちりの世に
うつすも人の心ならすや

（○以下二十四首略）

心經つゝみ紙の御製

ほとゝきすなくハむかしのとはかりせ
けふのふのりを空にとふらむ

あつきゆミやしまの波をおさめをきて
いきはたおなし世をまもるらむ

寛永五四十七故相國御十三年日光

書陵部（三号）

（徳川實紀）大猷院殿御實紀

寛永五年四月十六日こたび大内より宸筆の般若經を進為したまふその包紙には御製の和歌をしるし給ふ又法華廿八品を分ちて序品は御製その外は一時堪能の人々によましめ進め給ふ中宮は曼殊院良恕法親王して自我偈を寫し女院は高松彈正尹好仁親王して陀羅尼經をかゝしめて納め給ふ

書陵部（三号）

（官公事抄）

寛永五年四月十七日戊申小雨

東照權現祭禮也、

今日東照權現令當十三回忌給、於奥院有御法事、

着座八人

相國秀忠公　右大臣一條殿兼遐公

權大納言實條卿　尾張大納言義直卿

紀伊大納言賴宣卿　駿河大納言忠長卿

水戸中納言賴房卿　中宮權大夫通村卿

書陵部（三号）

好仁親王実録　二

有栖川宮實錄　二

好仁親王實錄　二

宮内公文書館
識別番号 75366
分類 書陵部編修課
備考

圖書寮
圖號 68740
冊數 295
函號 600 52

有栖川宮實錄　二

好仁親王實錄

好仁親王　二

妃　源寧子（松平）

王女　明子女王　後西天皇女御

王女　某（高琳院）

良仁親王實錄

良仁親王　後西天皇

實録編修用紙

寛永六年二月二日

八條宮智忠親王元服スルヲ以テ、同宮邸ニ赴キ、
冠役ヲ勤ム、

編修課

〔時慶卿記〕
寛永六年二月二日、天晴、寒風、
一八條殿若宮御元服、加冠高松殿、理髪時長、甘露
寺、着座正親三、大四辻、大阿野中、已上扶持、ニ白
川宰相、御簾并帯役、送清水谷、梅園両人也、冠紺
濃打形、箱如此次第ニ被置、不初以前ニ書院ノ
奥ニテ一盃、昌俔、景益、忠庵等相伴也、六本、頭立過
又献ノ前ニ立ル帰ニ御太刀馬代、八良子重而
可献、其後假退出々々、而親王御元服ノ次第ヲ
書也、

書陵部（三号）

（智忠親王御元服一件書類）

若宮元服之時之記

寛永六年二月二日戊子天晴

日取土御門左衛門佐泰重

若宮元服當日次第内ゝ之記

辰剋ニ着座之公卿理髪殿上人参候、供布衣

白丁役者之外各参候

着座正親町三条大納言實有卿

同　四辻大納言季継卿

同　阿野中納言實顕卿

書陵部（三号）

扶持公卿白川宰相雅朝卿

理髪甘露寺頭弁時長

若宮中務卿小折紙持参被成勅許御返事

小折紙者頭弁ニ留

雑具役清水谷少将忠定朝臣

同　梅園侍従實清

六本立配膳中山参議元清

手長清極藤賢忠

役者之外参候之衆

日野中納言光慶卿

書陵部（三号）

廣橋中納言（アキさ）卿

水無瀬中納言氏成卿

西洞院宰相時直卿

藤宰相永慶卿

飛鳥井宰相雅宣卿

小倉侍従

各装束

参候次第於書院内ゝ之勧盃有多少

次役者衆装束襲被着

次加冠高松宮御成前駈白丁十人左右御長

書陵部（三号）

柄布衣供奉かさ持退紅沓持白丁肩衣袴着

有之

御輿之御簾小倉侍従妻方之御簾齋院掃部

褰

先御休息

巳刻限ニ各着座

元服作法次第別記之

次書院上壇御座ニ帖鋪茵智忠出座

次六本立いか物

次先盃出三方さきくみあり

書陵部（三号）

次大本立出、
次いか物出、
次三方一膳出、三之供御すゆる、下之土器ニ
テヨモイ供カナ色ニ入、又加テ二度也、銚子ノ
出、三献有加、其マヽ三日不撤、

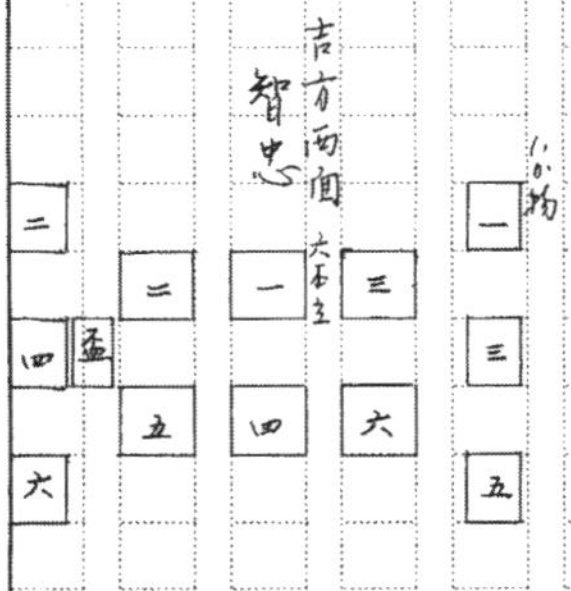

書陵部（三号）

配膳中山参議光親、
手長清極薦賢忠、
高松宮智仁公家衆五六人見物、
次高松宮冠者ニ御馬太刀被賜、於書院披露、
（中略）
六本立之間着座之衆伺公之衆各休息、
此間元服之間相改如常、
上壇ニ高松宮北面、智忠南面、
次之間公卿一列、正親町三条大納言四辻大
納言阿野中納言白川宰相、北面、
甘露寺頭弁着所労故退出、

書陵部（三号）

三献
盃
はうさう下かはらけ公卿まて、
勧盃一献　酌清水谷少将、公卿へ酌極薦、
座ニテ勧盃、
盃
餬献
勧盃三献　酌梅園侍従、有加極薦、公卿酌極薦、加一覧、
盃
餠献
勧盃三献　酌清水谷、有加極薦、公卿酌極薦、加一覧、

書陵部（三号）

三献〆畝上人御通有之、
公卿へ配膳布衣、
大膳
隼人
左馬助
玄蕃
一覧
此間於書院内々之勧盃吸物一献有共出、
智仁出座、
日野中納言

書陵部（三号）

（中略）
次於廣間供御五三二、
上壇高松宮北面、次智忠同智仁南面、
（中略）
次度々盃臺臺物出肴共出、及数盃、各發歡聲、
音曲舞ともあり、数盃半殿下渡御、御馬太刀
御方御所へ拝受、猶又盃あまたゝひ出、酔を
加へ、何も喜色にて退出也、
次入夜智忠高松宮へ参、前驅白丁十人、續松
長柄清水谷梅園齋院右京大夫掃部、布衣肩

書陵部（三号）

衣持着、供奉かさ持退紅皆持白丁
日野中納言中山宰相伺公、二献之上数盃、音
曲舞有之也、
元服之時西洞院入道圓空、醫者連哥師其外
出入之者共あまた見物有之也、
北簾中女中見物也、
万々歳珎重々々、
寛永六年二月八日記之
智仁

書陵部（三号）

（智忠親王御元服一件書類）
寛永六年二月二日戊子
若宮元服次第
當日奉仕装束
其儀南面三間懸翠簾、東三間同、但二間障
子立之北、從東懸翠簾為女中見物座、東中央
之簾前大文畳一帖、其上鋪唐錦茵、若宮為座、
西面北置間中大文畳一帖、其上鋪唐錦茵、為
加冠座、南面、
加冠彈正尹好仁親王、直衣襲 下クヽリ

書陵部（三号）

西北二間小文畳二帖着座
着座正親町三條大納言實有卿直衣襲
同　四辻大納言季繼卿直衣襲
同　阿野中納言實顕卿直衣襲
新冠座之中央圓座一枚敷之、為理髪座、
理髪甘露寺頭弁時長束帯、
新冠座之左圓座一枚敷之、為扶持座、宿老故
可依時宜にて、
白川参議宰相雅朝卿直衣襲 七十五
加冠渡御便宜所御休息

書陵部（三号）

諸卿参候
刻限若宮簾中ヘ出座、扶持
白川宰相参候
次南従資子為中間路加冠御着
次同従路公卿三人着座
次理髪弁資子着圓座
次扶持公卿着圓座褰簾
次若宮垂装束乱髪出座
次柳筥ニ置抜巾冠、殿上人清水各少将冠着
之右置之、

書陵部（三号）

次柳筥湯須留坏入水取蓋、殿上人梅園侍従冠着
之左置之、
次打乱筥櫛巾裹之中ニ髪櫛一髪匕一小本
結三筋紙捻本結ニ筋引合ニ段清水各少
将冠着置中央
次加冠氣色理髪着圓座
其作法先取冠抜巾少理髪座方ヘ角懸テ
置抜巾冠前ニ置之柳筥上
次冠者装束入紐ヲ理髪ハツス
次理髪冠着取左手又取右手平伏

書陵部（三号）

次理髪取冠着之乱髪掻撫テ取本結紫小本
結二結ニ取テ本髪ヲ巻上テ其末ヲ結留
次以髪掻髪末ヲ二ニ分テ以細紫小本結左
ヲ結テ右結之
次以引合二折ニシテ横ニ巻之以常紙捻結之
片ワナ左右相向ワナヲ中トス
次結分タル髪末ヲ折返シテ、笄刀ヲ逆手ニ
持ナ左ノ手ニテ髪末ヲ本髻ニ取副テ理
之、理了刀ヲ理髪之右ニ置之右手ニ取髪
末櫛巾ノ中ニ蔵納之冠者不見之右同次

書陵部（三号）

笄理了抜巾令蒙之理髪人冠着取左手令
拘之
次理髪雑具打乱筥ヘ返入髪櫛一髪掻一取
出湯坏之置柳筥上、理髪起座資子着
圓座、
次加冠之人進寄理髪之圓座取冠加冠
次取髪櫛髪掻不浸水先左髪次右髪三度ツヽ
掻髪櫛等如元返置、御帰座、
次扶持褰簾冠者入簾中
次理髪着圓座雑具如元入打乱筥起座

書陵部（三号）

次扶持起座
次着座公卿起座
次加冠起座
次冠者於簾中蘇装束ヲ改ム
本髻藤宰相装束藤宰相白川宰相二人
装束直衣襲髪ヲク
次加冠御着座
次冠者從簀子二拝
扶持相副
次加冠御起座
次献内々供御前物別記之

書陵部（三号）

寛永六年二月八日記之
智仁

書陵部（三号）

寛永六年二月七日
稲荷社ニ參詣ス、

編修課

〔時慶卿記〕
寛永六年二月七日
一稲荷ヘ詣、御初一足上、竹門於稲荷待付テ乘物
ニ付候、白川正親三、大高倉三位、八宮、大覚寺殿
ハ先ヘ被越ト、青門御座候、彼ノ地ニテハ清閑
寺松橋一同ニ御礼申候、各ノ進物在之、末々ハ
目六ニテ上、先入麺吸物、御盃一々ヘ給、有謡、予
發聲、有御振舞、乱酒、久予舞、白川同、松橋等也、予
鞁予打、八宮モ遊候、殿下高松殿御取持也、予ハ
各ノ跡ニ退出、大覚寺殿一同也、

書陵部（三号）

寛永六年閏二月五日

禁裏後水尾ニ於テ立花ノ御催アリ、御召ニ依リ、参内シテ之レヲ陪覧ス、三月十五日亦此ノ事アリ、

編修課

泰重卿記

寛永六年閏二月四日庚申、雨天、明日御所大勢御花有之、伺公可申候由、阿野より被觸候、

五日辛酉、晴、飯後召、又御番旁ゝ伺公申候、御参之御衆、八条殿、高松殿、殿下、鷹司太閤、同左大将殿、妙法院殿、竹門、烏丸大納言、四辻大納言、廣橋中納言、高倉三位、園頭中将、藤谷中将、勧修寺、古磵《シウサク》、泉涌寺周宋、因幡堂執行元端、池坊大汐物仕候、二間ハカリ松ヲ立、事外大なる事也、為見物衆召、鷹司殿御両人、高松殿、三条西、中院、水無瀬、白川、松橋僧正、阿野、飛鳥井、清閑寺、予等也、勝西堂、崟西堂召之衆也、御振舞各御退出也、

三月十五日庚子、晴、予御番伺公、紫宸殿池坊立花仕、則伺公申候、其以後御花置所之御縁ニテ女院御成候故、御酒宴有之、予白川二位伺公、殿下御参、高松殿御参候、其以後入御也、

書陵部（三号）

寛永六年閏二月二十七日

近衛信尋第ノ茶事ニ臨ム、

編修課

〔本源自性院記〕

寛永六年閏二月廿七日癸未晴、午剋高松殿渡御、有茶湯事、

寛永六年四月七日

去月以來、屢々八條宮智仁親王ヲ病床ニ見舞ヒシガ、是ノ日終ニ薨ズ、同親王、其ノ嗣智忠親王ニ對シ、高松宮及ビ關白近衛信尋ニ倚頼スベキ旨ヲ遺命ス、

〔時慶卿記〕

寛永六年三月廿一日天晴

一八條殿ヘ参、一時餘候、高松殿御座候、切々勅使左之、

四月二日天晴

一八條殿見舞申候、竹門瑞庵高松殿モ後ニ御出、盲孟阿野万里小路等伺候ナリ、昌俔自庵慶傳壽三等、今日食少ト、御病症ハ同篇ト、

七日天晴

一八條殿相究旨、竹門瑞庵高松殿ヘ申入、

〔本源自性院記〕

寛永六年四月七日壬戌晴、今日八條殿他界、愁歎外無他者也、

廿三日戊寅、陰、参八條殿、令燒香、号桂(光)松院云々、竹門憒庵渡御、被觸穢云々、高松殿余以前被参、燒香以後縁之廻廊風少々、勸盃□冷酒冷肴也、家司烏帽子布衣、倚盧也、

【泰重卿記】
寛永六年四月三日戊午、晴、（○中略）八条殿御腫物御見廻ニ、同公、日野大納言行達、竹門随庵、高松殿懸御目、入夜帰宅申候也、
七日壬戌、晴、従藤宰相、八条殿今朝薨給之由、御平申入候由、同道可申候由御使、則参候、

書陵部（三号）

（智仁親王御遺書）
御方御所事
万事女院様以テ勅定可致事
高松様関白様可馮事
竹門様随庵御談合事
御き文事
第一哥道高松さま阿野ノニ諸（談カ）合目球よく可習
さてハ五常カンヨウ
さてハ手習何よりハ肝要事
（○以下条々略）

書陵部（三号）

卯月三日
（花押）

書陵部（三号）

寛永六年五月二十六日
八條宮智仁親王ノ盡七日忌ニ當リ、故人ヲ偲ビテ即身成佛ノ追悼和歌ヲ詠ジ、牌前ニ供フ、

編修課

好仁親王詠桂光院様四十九日追悼歌　寛永六年

桂光院弥生の十餘日より例ならぬ御けしきありしかとも、かつ／＼をこたりさまに見へさせ給しを、いかにそや又おなしき月の末つかたよりなやミまさらせ給て、終に卯月はしめの七日になかき別と成給ふをおしまぬもなかりける中に、敷嶋の哥に長せさせ給しかハ、予も此御めくミにかゝりて淺香山の淺からぬ道に入ぬる事もやと待わたりにしを、そのかひもなく成にて侍れハ、悲しきこと一かたならねと、なかるゝ水のかへりこぬことハりはせんかたなく、たゝ涙にくれまとふ心に過行月日も覚へす、いつしか四十九日そめくりきぬれハ、せめて愚なることの葉をたに彼牌前の手向草にと、即身成佛といへる文を哥のかしらにすへ、九首を綴てけふの御わさのおりすくさすといふことしかはかり

好仁

そのきはの心なからにはし侘て
日をふる袖の涙ともなし

朽せしななかき形見とみつくきの
又ことにのこせることの葉の色

したひてやなかれも鳴らんなき人の
やとりことゝふ山ほとゝきす

むかふより涙へたてゝうつし絵の
その面影もえやハ見えける

しるへそとたのミしかけにわかれてハ
たつきもしらぬ敷嶋の道

八重なひく此五月雨の雲に見よ
心のやミのはれぬ數を

うつゝそとおもひしつむる程もうし
ゆめとたとりし心まといを

臥ておもひ起てもわかへ誰も此
身ハかりの世の後の生を

つゐにゆくならひハさてもしハしたに
をくるゝ程をなけかさらめや

〔鹿苑日録〕

寛永六年五月廿五日、晩炊以後赴八條殿、明日桂光院尊儀盡七日之辰也、有宿忌、

廿六日、東堂兩人、西堂兩人、平僧十三人赴齋、

書陵部（三号）

〔泰重卿記〕

寛永六年四月廿二日丁丑、小雨洒也、今朝女院御所大和田へ還御、予御供ニ伺公申候、左大將殿御供也、今日逗留仕候、時々小雨降也、

書陵部（三号）

寛永六年七月十九日

去ル四月ヨリ宇治大和田ノ別業ニ逗留セル中和門院、是ノ日歸京スルヲ以テ、大和田ニ參向シテ之レニ供奉ス、

編修課

〔泰重卿記〕

寛永六年七月十九日壬寅、晴、大和田へ伺公、中院同道也、今日還幸也、御迎也、飯後伺公、辰刻許参着、御案内召可致伺公之由、則伺公申候、御茶屋御成也、御酒宴半之處也、左大將殿、高松殿御伺公也、入夜時分還幸也、珎重、各退出也、中院、阿野、予三人也、

書陵部（三号）

〔本源自性院記〕
寛永六年七月十九日壬寅晴、今夜女院御所從大和田還幸、傳聞、高松殿左大將中院等供奉ト云々、
□今一兩輩有之由也、重而可尋記、

書陵部（三号）

寛永六年七月二十六日
禁裏（後水尾）ニ於テ後陽成天皇十三回御忌（八月二十六日）正當ノ御法事アリ、乃チ參內シテ之レヲ聽聞ス、

編修課

〔本源自性院記〕
寛永六年七月廿五日戊申陰、午刻計參內、直衣、御經供養了、（導）道師竹門、未刻計始、主上御引直衣、右大臣、伏見殿、高松殿、八條殿、太閤、二條殿、左右大將、仁門、妙門、聖門、照門、梨門、靑門、八宮、隨庵、同公、公卿、殿上人數輩着座、公卿前關白、九條殿、日野大納言、西園寺大納言、廣橋中納言、藤宰相、永慶、以上五人、
直衣、裝、其儀裏ニ注、
（裏書）
刻限、圖書寮鐘、次公卿着座、次樂人候、假庇、先亂聲、此間衆僧入道、此道從殿上臺盤所經南緣、次

書陵部（三号）

調子、此內引花莒、登樂三ツメノ大鼓ヨリ道師（起）越座、登札盤、次盤二、次唄、行光坊、次散花、金臺坊、次梵音、辛不聞、次表白、次樂、越半樂、次願文、此間六位藏人二人敷疊札盤、南道達着之、諷誦、次錫杖、次伽陀、次樂□此間越座、公卿越座、猶尋可記、
廿六日己酉陰晴相交、辰刻計參內、曼供被執行、辰下刻始、道師衆僧同昨日、太閤、九條殿、左右大將、伏見殿、高松殿、八條殿、右大臣、隨庵、大方同公之衆如昨日、
（裏書）
廿六日之儀

書陵部（三号）

傳奏中御門大納言、兩日同、但今日襲直衣、曼供之道場如昨日、公卿着殿上、奉行頭中將基音、内大臣申事由、不知其故、御前座可着給由欤、可尋、次奉行召出、出納申可催由欤、次圖書鐘、次着御前座先内大臣、二條殿、日野大納言、西園寺大納言、四辻大納言、廣橋中納言、柳原中納言、藤宰相、滋野井宰相、以上八人、束帯、次庭儀次第別紙注之、事了引物、道師小袖三重、内大臣、日野大納言、西園寺大納言役之、衆僧一重尚也、着座公卿次第引之、各撤太刀、内大臣乍帶劔被引之、失念欤、不審

書陵部（三号）

次々殿上人引之、束帯、數輩重而尋可記、今日有堂童子座左右、以上四人着座、引花莒以後越座

書陵部（三号）

〔孝亮宿祢記〕
寛永六年七月廿五日戊申、曇、就後陽成院御十三回聖忌、於禁中御經供養有之、導師竹内二品良恕親王、着座九條前関白忠榮公、日野大納言資勝、西園寺大納言公益、柳原中納言業光、藤宰相永慶等云々、
廿六日己酉、晴、後陽成院御十三回當日也、今日於禁中被行曼荼羅供、導師二品良恕親王、

書陵部（三号）

寛永六年八月十五日
禁裏後水尾ノ明月詩歌御會ニ列ス、

編修課

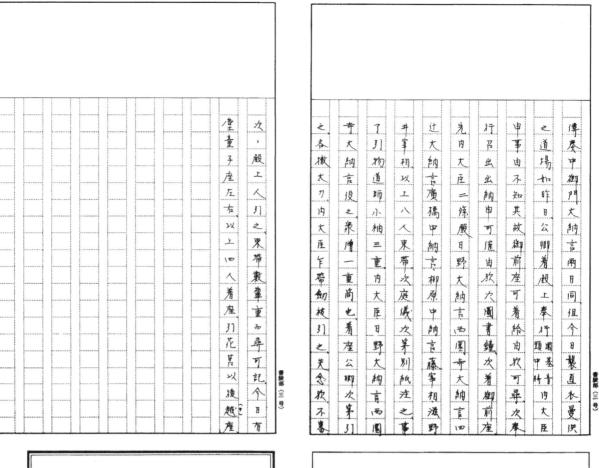

【時慶卿記】
寛永六年八月十五日天晴、禁中ニハ御月見ノ詩歌在之候、高松殿、歌、鷹大將、詩、烏丸、歌、水無瀬、歌、飛鳥井歌、土御門左衛門佐詩、勝西堂、金西堂等、上ニハ詩歌共御作ト、

書陵部（三号）

【内裏御會和歌】
寛永六年八月十五夜
（寄月）ゝゝ祝　好仁
名にたかき今宵の月やおとわ山
さかゆく御代の光みすらし

書陵部（三号）

【時慶卿記】
寛永六年十二月廿三日女院又大和田ヘ御幸ト未明之由候、夕ニ和泉殿ヘ以使者申候、

書陵部（三号）

寛永七年正月四日
中和門院舊臘ヨリ宇治大和田ノ別業ニ滞在ス、仍リテ是ノ日、存問ノ為、同所ニ参向ス、二十六日亦此ノ事アリ、

編修課

（本源自性院記）

寛永七年正月四日、甲申、陰、攝政殿、左大将殿被来、賀、即誘引向高松亭、次参大和田、以上四人、
五日、乙酉、晴、今日戌刻計従大和田帰京、

書陵部（三号）

（本源自性院記）

寛永七年正月廿六日、丙午、時々雪飛、今日参大和田、先向攝政亭、申下刻発足、攝政・予・左大将三人同道、酉下刻着彼地、自是以前高松殿伺候、少々有勧盃一盾、
酒宴、今夜逗留、
廿七日、丁未、時々雪飛、今日錦小路沙汰、丑刻計迄
廿八日、戊申、晴、今日帰京、酉刻計発足、

書陵部（三号）

寛永七年正月十日
近衛信尋等ヲ誘ヒテ鞍馬寺ニ参詣ス、

編修課

（本源自性院記）

寛永七年正月十日、庚寅、雪飛、参詣鞍馬寺、攝政殿・高松殿・高倉三位誘引、今日高松殿御沙汰也、於山下少々勧盃、帰路之次見物下賀茂、於假屋之傍勧盃、入夜帰宅、酉下刻、

書陵部（三号）

寛永七年二月八日

仙洞後水尾ノ和歌御會始ニ列ス、

編修課

〔泰重卿記〕

寛永七年二月八日戊午晴、（中略）院御所ヘ為御見廻伺公、御對面、御物語共屢有之也、安藏人為御會御人數也、高松殿・内府・烏丸亜相・西園寺亜相・中御門亜相（中略）以上十六人、於（マヽ）讀師烏丸大納言、講師頭中将、發聲四辻大納言・烏飛井宰相・高倉・阿野・中院等也、

書陵部（三号）

〔資勝公記〕

寛永七年二月八日、院御會始、中宮御里有之、讀師烏丸大納言

書陵部（三号）

寛永七年七月三日

母中和門院後陽成天皇女御藤原前子薨ズ、尋イデ二十八日、泉涌寺ニ於テ葬送ノ儀行ハル、

編修課

〔本源自性院記〕

寛永七年七月三日、辛巳、女院御煩以外也、戌刻計崩御、

四日壬午、今日御入棺、女中之沙汰也、（中略）輾ニテ泉涌寺ヘ渡御、酉刻計也、

廿八日、今夜中和門院御葬礼、於泉涌寺執行、一衆院被向葬場、餘宮男女共ニ無見物、予不見物、剋限子剋云々、

〔孝亮宿祢記〕

寛永七年七月三日、辛巳、今日中和門院崩御、御五十六歳云々、即馳參御殿、次參近衛殿・一条殿・鷹司殿等、令窺御機嫌、

四日、壬午、今夜戌剋中和門院御死骸密々奉成泉涌寺、御火葬也、長柄輿云々、路次公卿衆供奉、輿云々、四辻大納言季継、中御門大納言宣衡、阿野中納言実顕、白川宰相雅朝、為適朝臣、土御門泰重、右京、自御家門方諸大夫一人宛被出之、下北面狩衣随身判官、

廿八日、丙午、今夜子剋中和門院御葬送、於泉涌寺有之、傳奏阿野中納言實顕卿、中御門大納言宣衡、土御門左衛門佐泰重、五條為適朝臣、清水谷忠定、岩倉具起、以上傳奏已下六人着色云々、摂関家親王方等御使被出、一乗院殿實相院殿、円満院殿、妙法院殿等着女院御子、御猶子等也、仍葬場有御參云々、

寛永七年八月三日

中和門院ノ初月忌ニ當リ、江月宗玩大徳寺ヲ請ジテ法談アリ、又般舟三昧院ニ參詣シ、燒香ス、

編修課

（本源自性院記）
寛永七年八月三日庚戌、参高松殿、江月和尚伺候、
少〻法談、今朝生蓮寺長老・従養齋両副計参般舟
院焼香、摂政殿・高松殿一乘院・左大将殿・予輿、諸大
夫三人、布衣二人、青侍・肩衣袴、
（裏書）
「於中門内下輿、焼香次第、先高松殿、次一門主、次
摂政殿、次予、次左大将、摂政予并養子之故也、焼
香了即起座、直参御殿焼香、

書陵部（三号）

（江月宗玩法語）○龍光院藏
中和門院忌辰、山野問云、南陽忠國師忌日設齋、
有僧問耽源、國師還來否、今日固齋來否、
（好仁親王筆）
來也、　山野云、不來時如何、
（〃）
直透万重關、不住青霄裡、
山野低頭一諾、

書陵部（三号）

（泰重卿記）
寛永七年八月三日庚戌、晴、飯後般舟院御香也、早
〻伺公、御寺法事相済、大徳寺衆諷經、長老二人、僧
百人餘、奇麗也、其次浄華院諷經、僧六七十人許、今
日御香中御門大納言所労之由承候、（晩脱カ）今晩高
松殿・摂政殿・近衛殿・一乘院殿焼香御参詣也、

書陵部（三号）

寛永七年十一月二十九日
漢和聯句會ヲ催ス、

編修課

鹿苑日録

寛永七年十一月廿九日自早天赴高松宮尊君之漢和御會、御會入夜而終、宴未終而退出、

書陵部（三号）

寛永七年十二月二十二日

前越前藩主松平忠直ノ女亀姫寧子ノ入輿ヲ迎ヘ、婚儀ヲ擧グ、尚亀姫ハ、前将軍徳川秀忠ノ孫ニシテ、秀忠ノ養女ト爲リ、密々中宮御所源和子ヨリ入輿セルナリ、

編修課

本源自性院記

寛永七年十二月廿二日、今夜高松殿嫁取、武家御所猶子云々、先昨夜中宮被參、從彼御殿密々高松殿ヘ被參云々、

廿五日庚午陰、高松殿内儀遣使者杉原三十帖巻物一、高松殿ヘ三色三荷、

書陵部（三号）

孝亮宿祢記

寛永七年十二月廿二日丁卯晴、今日高松宮被迎相國秀忠公姫君、実者御孫女也、相國為御養子之儀云々、

書陵部（三号）

〔有栖川宮系譜〕

後陽成天皇第七皇子
好仁親王

（中略）

寛永七年十二月廿二日納大将軍秀忠公御養
女為御息所
御息所源寧子、称亀姫君、秀忠公御養女、實越
前宰相忠直卿女、
元和三年四月五日生

書陵部（三号）

〔松平家系譜〕
三世恩照公年譜
（中略）
寛永七年庚午、　公十有六歳
公妹亀子大御所ノ養女トシテ高松彈正尹好仁
親王ト婚姻ノ約ヲ成シ、十一月江戸城ヲ發シテ
京都ヘ入輿、

書陵部（三号）

〔系図纂要〕
源朝臣姓　越後

忠直
長吉　文祿四年六ノ十生
仙千代
（中略）
元和九年五ノ二有罪配流于豊後萩原入道号一伯
慶安三年九ノ十薨于津森、五十六、西巌院殿前参議連友一伯

光長
母天崇院殿　台徳公女勝姫君
仙千代　元和元年四ノ二生、
（中略）
元和九年六ノ　賜越後高田城高二十六万石余

女
母同　台徳公養女
亀姫
高松彈正尹好仁親王御息所
寧子、延宝九年七ノ七薨六十五　宝珠院殿光譽寒郭沖意

書陵部（三号）

寛永八年三月十九日
漢和聯句會ヲ催ス、

編修課

〔鹿苑日録〕
寛永八年三月十九日、自早朝詣高松親王、尊君漢和御會、命予破題上句、酉刻了畢、宴飲過二更而退出、衆未散、

寛永九年正月十一日
仙洞後水尾ニ於テ懸物香ノ御催アリ、乃チ参院シテ座ニ列ス、

〔泰重卿記〕
寛永九年正月十一日、己酉、雨天、今夜懸物香、銘かハるのふすま、かましき紙五束折ニ入テ持参候、御人数、近衛殿、一条殿、高松殿、鷹司殿、内大臣、聖護院殿、中御門大納言、阿野中納言、園宰相、勧修寺宰相、高倉三位、予、冷泉中将、花園少将、岩倉少将、鹿苑寺章長老、十六人也、八人宛二組ニ反ソヽ也、一条殿御手柄、十六炷也、一ヽ不注也、及深更各退出也、

寛永九年二月二十九日
仙洞後水尾ノ漢和聯句會ニ列ス、

編修課
編修課
書陵部（三号）
書陵部（三号）

〔泰重卿記〕

寛永九年二月廿七日乙未、雨天、終日、来廿九日漢和匀脚之下見申候也、

廿九日丁酉、飯後早々伺公、御人数相揃之時分出御、御會始也、季通執筆也、初度也、高松殿・近衛殿・鷹司内大臣・阿野中納言・高倉三品・岩倉少将・勝西堂・釜西堂・一絲并也、御製漢和両方被遊候也、午時御振舞有之也、夜半過相終也、御振舞御酒数返、各退出也、

寛永九年七月十一日

京ヲ發シ、江戸ニ下向ス、二十一日江戸ニ著ス、

〔時慶卿記〕

寛永九年七月十一日、天晴、

一江戸下向衆暇乞、烏太中へ行、門ヨリ言入、被歸、

一高松殿出、此門前暇乞申入テ相濟、

〔吉良家日記〕

五十八申七月、御代替為御禮諸家江戸江参候次第、

一九条殿同右大将殿　廿日参着　御使　雅楽頭　上野

一照高院殿　同　讃岐守

一高松殿　同　大炊頭　上野介

書陵部（三号）

編修課

〔徳川實紀〕大猷院殿御實紀
寛永九年七月十四日こたび參向公卿の館伴を仰付られ高松彈正尹好仁親王は本多飛驒守成重八條中務卿忠仁親王は眞田伊豆守信之九條前關白幸家公は新庄越前守直好、日記
廿一日九條右大將道房卿參向ありければ酒井雅樂頭忠世慰勞の御使し、高松好仁親王鷹司内府并照高院大乘院三寶院勸修寺四門跡へ吉良若狹守義冬御使し、隨心院へ松平伊豆守信綱御使し、實相院門跡光圓へ安藤右京進重長御使せらる、

寛永九年八月二日
江戸城ニ赴キ、將軍徳川家光ニ對面ス、尋イデ四日、増上寺ノ徳川秀忠ノ廟ニ參詣シ、六日再ビ登城シテ饗應ヲ受ク、夫ヨリ日光山ニ赴キ、九月初旬京ニ歸著ス、

〔徳川實紀〕大猷院殿御實紀
寛永九年
八月二日親王公卿引見あり高松彈正尹好仁親王八條中務卿忠仁親王九條前關白幸家公近衞前關白信尋公鷹司内大臣教平公九條右大將道房卿みな太刀目錄晴服そへて奉らる、
四日親王門跡公卿増上寺靈廟參拜あり九條前關白并右大將は崇源院殿靈牌所にも進拜せらる各束帶なり門跡并僧正法印の類は鈍色を着すよて寺に井伊掃部頭直孝松平下總守忠明土井大炊頭利勝酒井阿波守忠行酒井讃岐守忠勝永井信濃守尚政青山大藏少輔幸成松平伊豆守信綱并に井上筑後守政重新庄美作守直房に高家吉良上野介義彌其子若狹守義冬并儒役林道春信勝林永喜信澄もそひて寺にまかり向ひ惣門山門後は先手頭をして警衞せしめらる、
六日親王大臣公卿を饗せらる、大廣間の上段中央を御座とし左に高松の宮九條の前關白鷹司の内府右は八條の宮近衞前關白九條の右大將座せられ下段を公卿の座とし左に烏丸亞相飛鳥井黄門堀川三位右に柳原黄門勸修寺參議大

次御門三位中将、初献の御盃御所はじめさせた
まひ、高松・八条の両親王より次第に大臣公卿ま
で加あり、二献もおなじ、三献に肴出て御所の御
盃を弾正の宮につかはされ、また御盃を中書の
宮につかはされ、各御肴まいる、前関白内府右大
将へ次第につかはされ、各返盃あり、又御盃を銚
子にのする時、烏丸亜相中段に出てたまはること
かよりみな御盃賜はる、亜相は下より三畳目、黄
門は二畳目、宰相三位は一畳目にて賜り、御饗は
てゝまかでらるれば、下段まで送らせたまふ、

八日、親王摂家に御餞別として、各銀千枚、時服三
十づゝつかはさる、高松・八条・九条へは土井大炊
頭利勝、近衛・鷹司并九条右大将へは酒井讃岐守
忠勝を御つかひとして、各高家吉良上野介義彌
をそへらる、たゞし鷹司内府・九条右大将へは銀
五百枚、時服三十つかはさる、

本光国師日記

寛永九年八月二日、公家門跡御城へ出仕、於白書
院御對面、一番高松殿・八條殿・九條前関白殿・近衛
前関白殿・鷹司内府・九條大将以上六人、上壇左右
二番仁和寺殿以下勧修寺門跡迄十人、上壇左右、
此外大覚寺殿は御煩にて無出仕、三番大納言以
下殿

上人迄、但公卿切に闕之、円殿上人は進物は闕之
内、其身は縁に面一禮、但太刀折紙は持参、太刀折
紙は闕之内へ、(中略)但一番二番之座位之次第也、
四日、宮・摂家・門跡・諸公家・院家、増上寺へ御参堂、早
朝酒讃州ゟ可罷出由觸状来ル、則参加伊掃部殿・
松總州・土大炊殿・酒讃州・永信州・青大藏殿参會、於
御堂習禮談合有之、導前供具點燭等、如堂供養之
日、折卓に香爐香合置之、内陣之左右之外陣に疊
一疊充敷之、左は住持龍岳、右は國師之座也、唐戸
之左縁伊井掃部殿・束帶、右松總州同、同朕大炊殿

来帯、酒讃州大紋、信州大藏殿は袴肩衣也、短髪攺
數、瑞籬之内ヨ下知門ヨリ至于拜殿敷莚、及期一
番高松殿鞠布衣白丁從之、二ノ八條殿同（二ノ）二ノ九
條殿同四ノ近衛殿同五ノ鷹司内府同六ー九條
大將同、以上六人、次第に於門外下輿（輿カ）吉良上野同
若狹東帯出相、拜殿へ攝入、左右に列座、大炊頭讃
岐守伺候于緣、從御堂國師出相一札、其後住持被
出相、老足故御迎に不罷出由被露、住持國師着座、
其後各一人充燒香一拜、最前香典之折紙上野持
參、尊前之机に置之、六人之御衆各同前に相濟、次

書陵部（三号）

第ーに還御也、大炊殿讃岐殿於門外御送、
六日於御城宮攝家公家衆御振舞、御廣間上坦將
軍樣御着座、正面左ニ高松殿、右一八條殿、左二九條
殿、右二近衛殿、左三鷹司内府、右三九條大將殿、以
上六人、中段は明ゐ下段左一烏丸大納言殿、右一
柳原中納言殿、左二飛鳥井中納言、右二勧修寺宰
相、左三堀川三位、右三大炊御門三位、以上六人、七
五三之膳部如例、宮攝家下坦迄御送、
八日早朝大炊殿讃岐殿兩上使にて宮攝家衆へ
御暇被遣、高松殿八條殿九條殿近衛殿銀子千枚

書陵部（三号）

給、三十充被進由、鷹司内府九條大將御兩人は拜
領物減候歟、不進、同晩大納言以下殿上人迄御城
へ召、御暇被下、拜領物如例、但宮攝家之殿上人衆
へは其御宿にて拜領物被下由、

書陵部（三号）

吉良家日記
五十九八月二日御札之次第　御小廣間御裝束
一高松殿　左ニ着座
次ニ八條殿　右ニ着座
次ニ九條前関白　左ニ着座

書陵部（三号）

次ニ近衛殿　右ニ着座
次ニ鷹司殿　左ニ着座
次ニ九条右大将殿右ニ着座
各々退出ノ刻御送り有、何モ御太刀上壇御進物下遣
六十二八月七日官摂家衆江御暇被遣
一高松殿八条殿近衛殿九条殿同大将殿鷹司殿
各供之公家々人其所ニ而拝領、大炊頭讃岐守上野介被遣
六十五親王摂家門跡公家衆増上寺江参候
御焼香次第　何も装束重、
高松殿

書陵部（三号）

八条殿
九条前関白
近衛殿
鷹司内府
九条右大将殿
各両殿ニ分而左右ヲ着座、有折紙、上野持参、
伴前ニ奉納、次ニ一人ツヽ御焼香有而直退
出、
六十九御代替為御礼江戸参候、公家門跡御宿并
御馳走人留、

書陵部（三号）

一高松殿　願行寺　本多飛騨守
一八条殿　清願寺　戸沢右京進
（中略）
右之摂家門跡公家衆何ンも日光江登山、

書陵部（三号）

【泰重卿記】
寛永九年八月二日丁卯早朝御城へ参候、摂家門
跡御出仕候也、我着近衛殿出迎、履脱出迎申候、[illegible]
税着之御気色也、各公家門跡御参府、井伊掃部頭
松平下緒（さこ）守土井大炊頭酒井阿波守同讃岐守、御
摂家方并門跡方御前へ一礼申候、其次公家衆
院家等一礼罷立候也、其以後公方面向対面所御
出候、次第（御礼）申入候、先摂家門跡、次公家衆、次公卿
門跡、被召連候内衆へ御対面也、各午下剋退出申
候、珎重也、

書陵部（三号）

(ニ)
五日庚午、御城御振舞、摂家衆許也、九條殿・近衛殿・高松殿・八條殿・鷹司殿・烏丸大納言・柳原・飛鳥井中納言・勧修寺宰相・堀川三位・大炊御門三位中将等五人、公方相伴、
八日癸酉、御城ヘ参候、御暇出候、并拝領也、摂家衆千枚、其内鷹司殿・九條大納言・右大将五百枚、高松殿・八條殿御室ヘ千枚也、

〔時慶卿記〕
寛永九年九月五日、天晴、
一高松殿江戸見舞、小椙原三十束給、御禮ニ参上、於門懸御目、

寛永九年九月十三日
仙洞後水尾ノ明月詩歌御會ニ列ス、

〔泰重卿記〕
寛永九年九月十三日、戊申、晴、飯後早天伺公仕候、今日御連衆、近衛殿・竹内殿・高松殿・鷹司内府・道庵・阿野中納言・水無瀬前中納言・章長・老予・清水谷・岩倉・勝西・奉益・西堂、御製共十四人也、夜半前相終、竹門御前にて御酒等よく参候、一段とよき御遊興明月少曇候へ共、大概月にて候、水無瀬竹門御誂なと也、御退出暫て入御也、人々退出、草臥申候、

寛永十年七月二十六日
後陽成天皇ノ十七回御忌八月二十六日正當ニ依リ、大德寺龍光院ニ於テ法事ヲ修シ、參詣ス、

（欠伸年譜草）○大德寺藏
大梁興宗禪師江月玩和上年譜草案
寛永十年癸酉
師六十歳、秋七月念六日、永照院殿高松親王轅、高軒、於龍光禪院、而抛宝庫淨財、而鋪儭摩ノ勝會、預為後陽成皇帝十七回御忌也、一條關白昭良公近衛前殿下信尋公連榻、東御所女一宮准后・女三宮下帷、簾側視聴之、尊親王深信摩訶衍、慕教外、於師取禮、太腆矣、

編修課
書陵部（三号）

寛永十年九月二十日
東福門院ノ御所ニ於ル和歌御會ニ列ス、

（資勝卿記）
寛永十年九月十八日、丁未、晴、晩雨天、
近衛殿より御使者候て、来廿日國母御方ノ和哥御當座ニ御所労氣御座候条、御出座有間敷承候也、
廿日、己酉、
午刻以前國母様へ伺公申候也、上之衆ハ二条殿、高松殿、伏見殿、八条殿、鷹司大閤、三条前内府、西園寺前内府、九條右大将等也、短尺ヲクハラレ候事ハ平松少納言役之、上之間ニ被置候間ノシキ㐮

編修課
書陵部（三号）

ヨリ一間斗上ニ短尺モラレ候、硯フタ置候ヲ被
退候也、予烏丸大納言中御門大納言（○中略）右伺公
之衆ハ如此也、（○中略）大カタ各清書候テ以後御振
舞有、上ノ間ニハ屏風ヲ立申サレ候也、飯ノ中短
尺飛鳥井父子カサネラレ候也、燭以後読上有之、
後定朝臣被役之候也、読上早テ各退出候也、

書陵部（三号）

寛永十年十一月十七日
連歌會ヲ催ス、

編修課

資勝卿記
寛永十年十一月十七日乙巳晴
大門様へ御茶申入候事、来十九日被成御成候様
ニと主水を以申入候へハ、高松殿ニ連歌御座候
て、御成にて暫待候て得御意申候へハ、来十九日
可有御成候、

書陵部（三号）

寛永十一年正月二十五日
八條宮智忠親王・近衛信尋等ヲ招請シ、和歌會ヲ
催ス、

編修課

〔道房公記〕
寛永十一年正月廿五日壬子天陰、此日於彈正尹
好仁親王亭有和哥會、入夜始、會合之人〻左府智(忠)
仁親王、前殿下、近衛殿、道晃法親王、余、皆以一列、權
大納言季継卿、兼賢卿、前中納言氏成卿、參議俊完
朝臣、散三位嗣良卿、孝治卿、皆以一列、殿上人四五
人、讀師兼賢卿、講師(アキママ)講頌人〻季継卿、發声
嗣良卿、雅章朝臣、(アキママ)朝臣、左府好仁親王、智(忠)仁親
王、前殿下以上三返、良恕法親王、道晃法親王、余以
上二返、自季継卿以下一返、會了後數獻、余懐帋書

書陵部（三号）

作、
詠柳辨春和歌
道房
愚詠
淺緑柳か枝に春ハまつ
こゝ葉の花をさかせてそみる

書陵部（三号）

寛永十一年七月十三日
將軍徳川家光上洛セルヲ以テ、二條城ニ赴キ、對
面ス、尋イデ二十一日、再ビ同所ニ赴キ、能ヲ觀覽
シ、饗應ヲ受ク、是ヨリ先、二條城ニ於ケル座次定メ
ラレ、伏見宮貞清親王ノ次、八條宮智忠親王ノ上
ニ座ス、

編修課

〔道房公記〕
寛永十一年七月三日丁亥天晴、昨夜源更両貫首
来傳云、先度座次之事返事以書付可申云〻、此事
今度將軍上洛之節、諸家向彼亭其座次之事也、當
時官位其外諸事之法度先年自武家被出法度一
巻、前相國家康公号東照權現、右法度出此時、仍諸家守此旨、頗古例有
相違之事等、先是自攝政被出座次之次第、其次第攝政殿
左大臣殿、兵部卿親王、彈正尹親王、式部卿親王、大
閤、鷹司殿、前関白九條殿、前関白殿、近衛殿、前左大
臣、花山院殿、内大臣殿、前内大
臣、西園寺、余(敷平公)、近衛大納言殿、以此次第両貫首問
人〻、内府被答云、不可着前左大臣次座云〻、余右

書陵部（三号）

次第可相守之由令申、其後右次第被書改、其次第、
自摂政至近衛前関白同前、其次内大臣、次両貫首
余、次近衛大納言、次前左大臣、次前内大臣、
持来、右次第如此被改之、可守此旨哉云々、余問云、
内府・近衛両人返事如何、被答、後次第可然之由、余
答云、右両人之旨可相守之由也、頭弁問云、猶以両
人之旨可同哉云々、一身不能申、有無猶答同旨了、
又今日以書付可申云々、仍進摂政之御許、於書札

其書之躰、

就座次之事、両度御次第、初度次第可相守之由
返答令申候了、如後次第則摂家清花差別候条

是又可相加摂家之列思意候、両様之旨左右可
有御定候、誠恐謹言、

七月三日　道房

一条殿
人々御中

七日辛卯、天晴、参院、於広御所有御対面、給御盃、次
参国母、左府同以被参、次参大殿、退出之次、向左府之亭、此
日両貫首来云、先日座次之事如何云々、答、猶以無
所存之由、堀川宰相・油小路中将・甘露寺等来、出行
之間、西洞院入道・竹内刑部卿・小倉中将等来、入夜
遣四位史孝亮之許、於使問今度之有様、

八日壬辰、陰晴不定、時々雨下、以自摂政殿使被示
公有可令誂合之事、晩頭可来云々、晩頭向彼亭、参
会之人々、左相府・弾正尹親王・大閤・大殿・前関白・内
相府・余、先日座次之事如此、令作次第之由被見人
々、其次第見、右又左大史輩又名家之輩陪善之事
等也、入夜退出、

十三日丁酉、天晴、午之後雨雷鳴、
早朝向将軍左大臣源家光家二条亭、先是、先日自武家伝奏催之、余着狩衣、色
萌木唐文松草、指貫紫、先暫於閑所待合人々、皆参会之後、大沢
右京来、告被出之由、於人々至其所、先人々着次間
之座、先勅使二人、前内大臣実條、権大納言資勝、武家伝奏也、出大樹前、自公家有賜
物、武家諸大夫二人持之、次院使自院有賜物、両人前大納言宣衡、前大納言
実顕、次摂政有賜物、帷子、武家諸大夫二人持之、臺二盛之、太刀、吉良少将、名字不知也、持之、
披露、次左相府、賜物并同摂政、次第、次兵部卿親王、賜物臺一
次弾正尹親王、賜物臺二、次式部（中務）卿親王、次大閤、鷹

書陵部（三号）

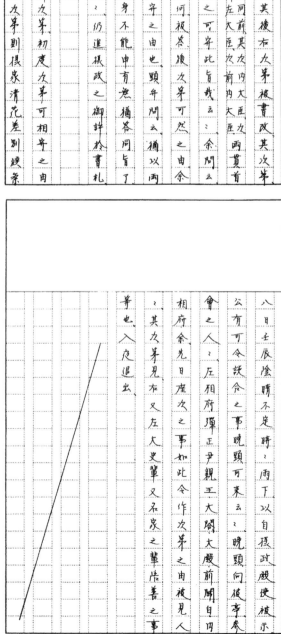

司殿、次前関白、九条殿、次前関白近衛殿、次内大臣
次前内大臣、公益 賜物臺一、次余賜物臺二、近衛新大納
初被出将軍家、先武家諸大夫二人持出賜物置、次
言光広以後
仍各別出座
間、二間有之、奥間上壇、次吉良少将以太刀置之、次
将軍出座、奥間
余経次間昇奥間上壇一礼、人々相引着座、次賜物
太刀等皆撤之、次人々退出、大樹至次間被送人々
其後経本路退出
廿一日乙巳晴、未明向二条亭、有猿楽事、不始以前
各大樹被対面、其後有小勝事、舞終後又被出逢、其
後各退出、其人々、先日人々、被向被亭之人数也、

書陵部（三号）

資勝卿記

寛永十一年七月廿一日乙巳晴
三条前内府・予・中御門大納言・阿野中納言同道、申
六ッ以前ニ二条へ登城申候也、多分夜中ニ摂家
門跡・公家衆・院中ノ衆、御出候へ共、摂政殿・近衛殿
高松殿御三人夜明候て日出時分ニ御出候也、則
各御見物之座敷へ御出候、摂家・門跡・諸公家・公卿
ト一間也、殿上人之衆、院中各様ニテ見物候也、
次アイノフスマシヤウシアケラレ各御目見有、
其後御能ハシマリ候也、ヲキナクワン世、ワキ高

書陵部（三号）

砂観世、二番実盛七大夫、三番軒端梅コンカウ、此
間大夫共拝領有、舞臺ニ五千貫ツマレ候、次大夫
ニ唐織袷壹重つゝ、クワンセ、七大夫、コンカウ、ホ
ウシヤウ斗也、今春ハ煩候て今度御能ニ不罷出
候也、座ノ者単物帷子壹重つゝ拝領申候也、次御
振舞有、三条・予両人参候て御座配之次第ヲ申入
候也、七五三、金タミ申候、盃ノ臺御肴色々二方之
物金タミ結花にてカサリ申候也、メン〳〵ニ御
スハリ候也、諸公家衆ノ前ハ三方ハタマス、上ノ
スヘモノヲ金ニテタミ申候、七五三也、予三条中

書陵部（三号）

酒一返トヨリ申候て以後、年寄奥へヨハレ候て
摂家・門跡方へ御酒ヲ一ツ可申由承候て各へ申
入、御酒数返トヨリ申候也、御振舞過て又始ノ所
へ参候也、奥ヨリ年寄衆御使にて日モ高ク候間
今一番御能被仰付候間御酒をも申入候て御取持
可申由候て惣間へ御酒を申候也、尾張大納言殿
紀伊大納言殿・水戸中納言殿御入候て御酒を御
シイ候也、木々ニテ御酒ヲシイラレ御盃臺金タミ
ヲ数多出サレ候也、張良ホウシヤウ仕候、御コイ
能橋弁慶七大夫親子仕候て出来申候也、梶井言義

書陵部（三号）

老、御能相済候て各御目見仕候て退出申候、

書陵部（三号）

〔平田職忠日記〕

寛永十一年七月十一日將軍家御入洛、六月廿日
江戸御出馬也、如例諸家日岡迄御向御出、予腹病
故職在罷出候也、
十三日諸家御礼、攝政殿以下御攝家衆親王家高
松殿八條殿伏見殿、大臣御衆近衛殿大納言殿御
礼相済候而御門跡方御礼、次又諸家納言參木殿
上人次院家衆（以下略）

書陵部（三号）

〔徳川實紀〕大猷院殿御實紀

寛永十一年七月十三日けふも勅使院使まうの
ぼり歳首の儀物進らせらる、大宮より例は東叡
進らせられしが今年より金一枚まいらせ給ふ
勾當内侍攝家親王清華門跡公卿院家沙門北面
の輩も拜し奉る、
十九日（中略）此日又永井信濃守尚政御使して一
條攝政昭良公へ銀二百枚時服二十（中略）安藤右
京進重長御使し、八條中務卿智忠親王、高松彈正
尹好仁親王へ銀百枚時服廿づゝ、

書陵部（三号）

廿一日二條の二丸にて攝家親王門跡公卿殿上
人并國持諸大名及北面非藏人まで饗應せられ、小
猿樂を見せらる、高砂、實盛、軒端梅、張良、橋弁慶、祝
言、養老、狂言三番、麻生、靱猿、若一、唐織時服并要脚
五百貫かづけらる、酒井阿波守忠行是を役す、親
王大臣十一人七五三の饗あり、其席は井伊掃部
頭直孝奉行し、（中略）又城に御所望ありて橋弁慶
はじまる、此間三家を御前にめし、日もいまだ高
し、たまさかの賓客もてなし給へと仰ありて、三
卿とともに攝家親王門跡達觀樂の席へいで、仰

書陵部（三号）

る傳へられ、勸盃刻をうつさる、能畢て黒書院に
勅使院使めし出て御返詞仰進られたまふ、又市
人も芝居にてみる事ゆるされ折櫃下さる、
廿三日（中略）また安藤右京進重長御使して高松
式部卿の御息所へ金廿枚綿二百把遣はされそ
の女房向へ金一枚時服五つつ下さる、
廿五日（中略）この日攝家親王諸門跡より薫衣を
さゝげらる、

書陵部（三一号）

〔資勝卿記〕
寛永十一年九月五日
今朝三条殿主水ニ阿野殿へ参て板防州返事之
通可申由候て阿野殿へ参候へハ、高松殿ニ連哥
候て高松殿にて逢て申候由也、

書陵部（三一号）

寛永十一年九月五日
連歌會ヲ催ス、

編修課

寛永十五年正月十九日
禁裏（明正）ノ和歌御會始ニ列ス、尋イデ二十四日、禁
裏ノ當座和歌御會ニ列ス、

編修課

〔中原以永記〕
寛永十五年正月十九日、晴、亥剋雪散乱、終夜不休、
今夜和歌御會始也、雖為十七日今夜有之、如何追テ可挙尋、仙洞御幸也云々、摂政康道公、高松宮、八條宮、式部卿智忠親王、近衛前関白殿信尋公、三條西前内大臣實條公于時傳奏、西園寺前内大臣公益公、日野大納言資勝卿傳奏、（中略）今夜有披講之、讀上者頭左大弁共綱朝臣也、仙洞御製歟、日野大納言被讀上申之、披講可通有之歟、摂政以下御献二献有之、堀川少将信親被勤御酌了、いてさうけし也、公卿之衆極臈源俊治被勤之、同前也、夜半以前ニ退出了、

書陵部（三号）

〔中原以永記〕
寛永十五年正月廿四日、晴、今日禁中和謌御會御當座也、摂政康道公、伏見宮、高松宮、八条宮、竹内門跡、同御弟子御所、妙法院、日野前大納言資勝卿傳奏、日野新大納言光廣卿、中院大納言通村卿、三条大納言実秀卿以下公卿殿上人六位蔵人極臈俊治差（作勝）次紀学（作勝）中蔵人以永等参内也、

〔慶長天保年間和歌御會〕
寛永十五年正月十九日公宴

寄道慶賀

好仁

きみを思ひ臣をもいはふことのはの
道はたへせしよろつよまてに

書陵部（三号）

寛永十五年六月三日
去ル五月中旬ヨリ病ミシガ、是ノ日薨ズ、年三十六、夜ニ入リ、大徳寺龍光院ニ葬送アリ、生前龍光院ノ江月宗玩ニ師事シテ法號ヲ不白拓公ト授ケラル、追號シテ永照院ト曰フ、

〔時慶卿記〕
寛永十五年五月廿日天晴
一高松殿ヘ見舞申候、御脉診、腸氣ノ由候、陽明桃花亭御座、次ニ八奇齋板坂亭在之、飛鳥井中将伺候也、右京馳走也、
廿六日雲而止天晴陰
一高松殿見舞、右京對顔、痰多血吐候由候、軋ノ義在之由候、
廿八日天晴
一高松殿ヘ以使者申候、同篇ニ無食事ト、
廿日天晴陰
一高松殿ハ藥胸ヘ下由候、大聖寺殿ヨリ承、勘局ヨリ被申送、今朝ハ自是モ以使者申入、
六月二日天晴陰
一高松殿尋申、藤江右京返書、次立願ノ事申候、但強テハ無用之由申候、
三日天晴陰未刻雨降
一高松殿御他界今朝也、大徳寺ヘ葬由候、江月（マヽ）ト号御兄弟ノ中ヘ以使者申候、院御所ヘハ四條殿局ヘ申候、萬事夢中〻〻、

〔資勝卿記〕
寛永十五年六月三日高松殿御他界、今晩大徳寺ヘ御葬送之由也、

編修課
書陵部（三号）
書陵部（三号）
書陵部（三号）

〔忠利宿禰記〕

寛永十五年六月二日、晴、高松宮弾正尹好仁親王世七才卯剋薨御云々、彼宮者後陽成院皇子、中和門院御腹也、即参院御所准后につの宮妙法院殿仁和寺殿寺申御悔、次参摂政殿、入夜退出帰宅、今夜高松宮御死骸盗出大徳寺云々、

〔大内日記〕〇国立公文書館蔵

寛永十五年五月廿八日

一公家衆御参ナシ、高松殿去十八日ゟ御所労、御内儀様モ少御煩、

六月三日今卯刻高松殿御逝去、先月十八日ゟ御食事ナリ候ハデ御煩也、

四日次飛脚江戸へ参候、高松殿御事モ申候テ進候、

五日高松殿事ニ付御小人ヲ飛脚ニ被遣候、是ハ高田様越後殿へ御届ニテ候、

〔欠伸年譜草〕〇大徳寺蔵

大梁興宗禅師江月玩木上年譜草案

寛永十五年戊寅

師六十五歳、住龍光禅院、高松親王不豫、招師於王床、云、色身敗壊、頗労和尚秉炬、埋骸死灰於龍光禅院、而結将来之縁矣、師注而承命、豫上法號曰、不白拈公、果薨矣、火後安置霊骨於龍光之西苑、起石浮屠、環封馬鬣、中陰祭奠晨誦偈唄、丁備設會、太上皇特賜香資、而薦冥福、槐壇之縉紳法杜之貴族、諷経挽歌、以鬱白業也、

〔龍寶山大徳寺誌〕

二十四塔頭

竜光院八十石　慶長十三年造

江月和尚　嗣春屋寛永廿年十朔寂七十一大

梁興宗禅師、

黒田筑前守長政朝臣為父勘解由源孝高造立

在于玉林南、

後陽成院第六皇子好仁親王号高松殿参江月和尚、称入室弟子、檀越當院、

書陵部（三号）

〔陵墓要覧〕○昭和四十九年版

皇子　好仁親王墓（直）　京都府京都市北区紫野
大徳寺町
大徳寺中龍光院内有栖
川宮墓地
寶塔　永照院不白於公
寛永十五、六、三（一六三八、七、一四）薨

書陵部（三一号）

〔忠利宿禰記〕
寛永十五年七月廿三日雨下晴今日於大徳寺故
高松宮七々御佛事在云々、

書陵部（三一号）

寛永十五年七月二十三日
盡七日忌ニ當リ、大徳寺ニ於テ法事アリ、

編修課

好仁親王實録

妃　源松平寧子

亀姫　有栖川宮系譜　徳川家系譜
亀子　松平家系譜
寶珠院　有栖川宮系譜　松平家系譜

福井藩主松平忠直ノ女、母ハ将軍徳川秀忠ノ女、勝姫ナリ、元和三年四月五日越前北庄ニ於テ誕生ス、亀姫、亀子ト称シ、後寧子ト命名ス、

編修課

〔有栖川宮系譜〕

後陽成天皇第七皇子

好仁親王

御息所源寧《ヤス》子、称亀姫君、秀忠公御養女、実ハ越前宰相忠直卿女、

元和三年四月五日生、

書陵部（三二号）

〔松平家系譜〕

忠直　従三位参議三河守

慶長十二年閏四月廿七日家督、

元和九年二月廿二日致仕、遷于豊後国萩原、号一伯、

慶安三年九月十日卒、法名西巌院、

光長　従三位右近衛権中将越後守

元和九年二月十日家督、

寛永元年三月十五日転封于越後国賜二十五万石、

女子　高松好仁親王室、

女子　九條関白道房公室、

書陵部（三二号）

〔西巖公年譜〕

（中略）

元和三年丁巳　公二十有三歳

四月五日長女亀子北荘城ニ生ル、母夫人勝子、

（中略）

夫人徳川氏勝子、大将軍台徳公第四女母ハ夫人浅井氏崇源院殿慶長六年辛丑五月十二日江戸城ニ生ル、十四年己酉婚姻ノ約アリ、十六年辛亥九月五日江戸ヲ発シ、土井大炊頭利勝之ニ従ヒ、十一日駿府ニ至ル、東照公鍾愛シテ饗應数日、十八日駿府発シ、廿六日北荘ニ入ル、廿

書陵部（三二号）

八日婚姻ノ儀成ル、其後恵照公及ヒ二女ヲ生
元和九年三月公豊後ニ遷ル、閏八月将軍老職
秋元但馬守番頭近藤石見守其外諸有司ヲシ
テ来リ迎ヘシム、依テ恵照公及ヒ二女君ヲ伴
テ江戸ニ還リ、城中ニ養ハレ、其後牛込川田ヲ
窪ニテ居邸ヲ賜ヒ移住ス、世人高田殿ト称ス、
後終ニ此辺ノ地ヲ総テ高田ト名ツク、寛文十
二年壬子二月廿一日高田ノ邸ニ逝ス、享年七
十有二、西ノ窪天徳寺ニ火葬シ、遺骨ヲ越後高
田ノ長恩寺ニ納メ、又高野山ニ納メ寶塔ヲ建

書陵部（三号）

ツ追號シテ天崇院殿穪譽泰安豊壽大善女人
ト云フ、

書陵部（三号）

〔幕府祚胤譜畧〕
秀忠公
├千姫君
　慶長二丁酉四ノ十一於伏見城御誕生、御母公御臺所
├子々姫君
　慶長四己亥年於江戸御誕生、御母公同、以下悉同、
├蝶丸君
├勝姫君　称高田様
　慶長六辛丑五ノ十二於江戸御城御誕生、
（註略）
同十六辛亥九ノ五越前少将忠直卿江御縁組、

書陵部（三号）

同日御発輿（中略）二十八越前国福井城御入御婚
姻、御年十一、
元和九癸亥五ノ二忠直卿依遁居〔嫡〕、姫君并御嫡子
光長卿共六月越前御発途、七月江戸御着、高
田御屋敷被往居、従是称高田様、又御国被轉越後国高田城改
可存ニ
儀歟、
（中略）
寛文十二壬子二ノ廿一於同所逝去年七十二廿
六華西久保天徳寺、
天崇院穏譽泰安豊壽大善女人

書陵部（三号）

元和九年九月

是ノ歳二月、父福井藩主松平忠直事ヲ以テ領国ヲ没収、豊後國萩原ニ配謫セラル、既ニシテ閏八月、前将軍徳川秀忠ノ命ニ依リ、兄仙千代後高田藩主松平光長及ビ妹ト倶ニ、母勝姫高田殿ニ伴ハレテ北庄ヲ發シ、是ノ月江戸城ニ入リ、爾後城中ニ養ハル、

（松平家系譜

三世恵照公年譜

元和元年乙卯

十一月廿九日公越前國北荘城中ニ生ル、幼名ハ仙千代、

元和九年癸亥　　公九歳

二月十日西巌公西國ヘ退隠、公家督ヲ承ケ、祖父以来ノ遺跡一圓領知スヘキノ旨ヲ命セラル、

八月

其後大御所清涼院西巌公ノ母儀ヲ召テ、越前ハ寒國ニテ殊更風雷甚シキ由ニ付、仙千代幼少ノ身柄、姫君モ久々辺土ノ住居、旁以御安堵不被成、仍テ母子共召寄ラレ御膝元ニ差置レ度此旨申傳フヘキノ趣内命アリ、閏八月御迎トシテ秋元但馬守老中、近藤石見守番頭、曽根源左衛門騎士、阿部四郎右衛門、目付等北荘ニ到ル、依之公太夫人及ヒ二妹ト北荘ヲ発シ、長谷川筑後守太夫人ノ傅老臣小栗五郎左衛門等之ニ従ヒ途中美濃大垣ニテ加納殿ニ對面シ、遠州掛川ニテ松平越中守定治駿馬ヲ贈ル、其外地頭代官等所々ニテ贈遺アリ、江戸ニ到テハ直チニ城中ニ入、大御所寵遇最厚シ、

（松平家系譜）三世恵照公年譜

女子亀子　西巌公ノ長女、母ハ夫人徳川氏、元和三年丁巳四月五日越前北荘ニ生ル、元和九年癸亥九月江戸ニ到リ、（略○下）

書陵部（三号）

（東武實録）

元和九年是年松平三河守忠直（中納言秀康卿ノ男、参議従三位）後一伯ト号ス、慶安三年九月十日配所ニ於テ卒ス、病氣ニ依テ越前國ヲ没収セラレ、豊後國ニ配流セラル、時ニ検使トシテ嶋田次兵衛利政安信（信）四郎五郎正之越前國ニ赴キ、國中ノ事ヲ沙汰ス、越後國高田ノ城米地二十五万五千石ヲ轉シテ、越前國福井ノ城五十二万五千石松平伊豫守忠昌（中納言秀康卿二男、）ニ賜ル、高田城米地二十五万五千石仙千代丸（後越後守ニ任シ光長ト号ス、三河守忠直男、）ニ賜ル、（略○中）曽根源左衛門吉次公ノ台命ヲ奉テ越前國ニ赴キ、三河守忠直ノ室（公ノ御娘）及ヒ仙千代丸ヲ保護シテ江戸ニ歸ル、

書陵部（三号）

書陵部（三号）

（徳川實紀）大猷院殿御實紀

元和九年閏八月廿四日曽根源左衛門吉次は京より御使奉り越前北庄に赴き、勝姫君及び松平仙千代丸に副て江戸に歸り、高木九兵衛正次も御使命せられて二度まで越前國に赴く、

書陵部（三号）

寛永七年十一月七日

前将軍徳川秀忠ノ養女ト為リ、好仁親王ノ許ニ入輿セントシテ江戸城西丸ヲ發ス、尋イデ京ニ著シ、二條城ニ入ル、

編修課

〔松平家系譜〕

三世恵照公年譜

（中略）

寛永七年庚午　公十有六歳

公妹亀子、大御所ノ養女トシテ高松彈正尹好仁親王ト婚姻ノ約ヲ成シ、十一月江戸城ヲ発シテ京都ヘ入輿、

〔松平家系譜〕

三世恵照公年譜

女子亀子、　西巖公ノ長女、母ハ夫人徳川氏、元和三年丁巳四月五日越前北荘ニ生レ、元和九年癸亥九月江戸ニ到リ、寛永七年庚午十一月台徳公ノ養女ト為高松彈正尹二品好仁親王ト婚姻ヲ約セラレ、江戸城ヨリ発駕、道中板倉内膳正・島田彈正忠守護シ、恵照公ヨリ老臣岡島壹岐ヲシテ之ニ従ハシメ、京都高松ノ宮ヘ入輿、

〔有栖川宮系譜〕

後陽成天皇第七皇子

好仁親王

御息所源寧子《ヤス》

（中略）

寛永七年十一月　日江戸西丸御発輿、板倉内膳正重昌供奉、着御二條城而御入車、十四、

〔幕府祚胤伝〕

秀忠公
　御養女 実御又姪 亀姫
　越前宰相忠直卿女、
元和三年戊[丁]巳四月三日誕生、
寛永七年庚午十一月七日為御養女、高松二品弾正尹好仁親王被縁組、自西丸御発駕、板倉内膳正重昌為御供、先二条城御入、其後入輿、

書陵部（三号）

寛永七年十二月二十二日
昨夜中宮御所(源和子)ニ参入シ、是ノ日同所ヨリ好仁親王ノ許ニ入輿、婚儀ヲ挙グ、

編修課

〔本源自性院記〕
寛永七年十二月廿二日今夜高松殿嫁取武家御所猶子云々、先昨夜中宮被参、従彼御殿窃々高松殿へ被参云々、
廿五日庚午陰、高松殿内儀遣使者、杉原三十帖巻物一、高松殿へ三色三荷、

書陵部（三号）

〔孝亮宿祢記〕
寛永七年十二月廿二日丁卯晴、今日高松宮被迎相国秀忠公姫君、実者御孫女也、相国為御養子之儀云々、

書陵部（三号）

寛永十年八月十七日
著帯ス、十一月ニ至リ、王女明子女王ヲ出産ス、

編修課

〔青蓮院宮日記抄〕
寛永十年八月十七日早天自東御所文給、高松殿
御内儀帯加持之事承之、再使来、則帯加持作法相
濟、使ヘ渡、
十一月二日高松殿ゟ御使、帯加持之御礼一束縹
珍一巻三種一荷給之、
十六日高松殿御内儀誕生祝儀使有之、銀五枚給
之、

書陵部（三号）

〔有栖川宮系譜〕
好仁親王
明子女王
御母御息所寛珠院殿　源寧子
〔附箋〕寛永十年十一月？
寛永十五年戊寅　月　日御誕生、
年　月　日為良仁親王御息所
承應三年甲午良仁親王御践祚為女御、十七
延寳八年庚申七月八日薨、年四十三、〔附箋〕四十八、中原職正日記〔越前家譜〕
同月十一日葬于龍光院、
号妙吉祥院聖楠美英大夫人、

書陵部（三号）

寛永十五年二月
是ノ月、王女宮二ヲ出産ス、

編修課

〔青蓮院宮日記抄〕

寛永十五年二月十一日高松殿御内儀ノ御帯加持、御誕生御祝義銀三枚、御使茂沢七兵衛

〔有栖川宮系譜〕

好仁親王
　明子女王　御母御息所寶珠院殿
　女王　御母同上
　　年　月　日御誕生

寛永十五年六月三日
好仁親王薨去ス、仍リテ薙髪シテ寶珠院ト號ス、

〔資勝卿記〕

寛永十五年六月三日、高松殿御他界、今晩大徳寺へ御葬送之由也、

（松平家系譜）

三世忠照公年譜

女子亀子　西巖公ノ長女、（中略）（寛永）十五年戊寅六月、好仁親王薨後落飾シテ寳珠院ト號ス、

書陵部（三号）

正保四年十一月二十七日

上皇（後水尾）ノ皇子秀宮、（良仁）親王、高松宮ヲ相續シ、是ノ日高松殿ニ移徙ス、乃チ桃園宮ト稱シ、更ニ花町宮ト改メ、尋イデ好仁親王ノ王女明子女王ヲ納レテ妃ト爲ス、既ニシテ承應三年十一月二十八日、出テ大統ヲ繼グ、後西天皇之レナリ、

編修課

（忠利宿禰記）

正保四年十一月廿七日、今日高松殿ヘ秀宮十一歳御跡目ニ高松殿御家江御成也、公家衆御供有、

書陵部（三号）

（後光明院御手記）

承應三年十月九日、従江戸品川侍従高如内膳正、京着、是ハ御代継ノ儀ニ付テ被差上、十日高如重宗ト伴女院御所エ出仕、御代継ノ宮仙洞女院被思召通、花町良仁親王女院為御養子践祚、仙洞當歳ノ宮先帝御養子ノ事、將軍家モ宜被思召ノ旨奏之、花町宮先帝御弟、高松ノ家ヲ継給、家名ヲ改、號花町、實母御櫛笥尚、條隆音姉、四御代継ニ立給事ハ（中略）花町宮御親モ麗シク渡セ玉、一八御代継ニ立セ給ヒ、當歳ノ宮御養子、十六ニ成セ給時、御位モ譲リ玉ヒ可然、

書陵部（三号）

ト、仙洞女院思召、此旨武家ヘ告知セ、可申ト、板倉周防守ニ御内勅有リ、依之江戸ヘ申上、如此相定リテ高如京着ト云々、

〔皇年代略記〕後西天皇
慶安四年十一月廿五日、任式部卿、於仙洞御所元服、十五（中略）同日叙三品、故高松宮後陽成院皇子、娘有嫁娶、即賜遺跡而相續、但改稱號為花町宮、

〔皇親系〕
好仁親王
　明子女王、
　　母源寧子参議松平忠直女、征夷大将軍徳川秀忠養女、
　　為後西院天皇女御、延寶八年七月八日薨、年四十二（マヽ）、號曰妙吉祥院、

〔有栖川宮系譜〕
好仁親王
　明子女王
　女王
　良仁親王後水尾天皇第六皇子
　　御母東福門院
　　實御母御匣殿、号逢春門院、櫛笥左中将隆致朝臣女
　　寛永十四年十一月十六日降誕、号秀宮、
　　正保四年九（マヽ）月十五日親王宣下十一歳、
　　同年十一月廿一日渡御于花町殿、初号桃園宮、

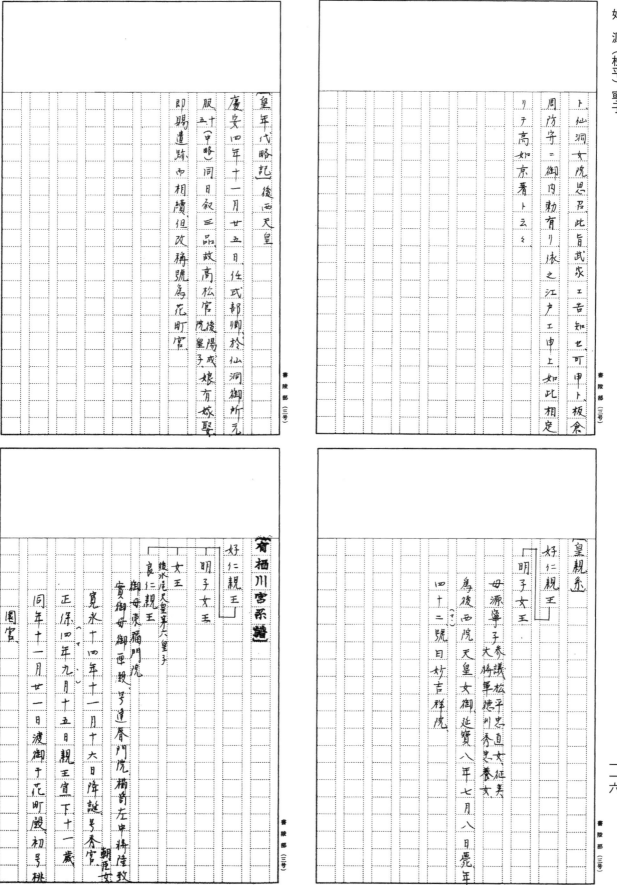

慶安四年十一月廿五日御元服于洞裏、十五歳
加冠関白尚嗣公　理髪頭右大弁俊
廣朝臣
同日任式部卿
承応元年正月廿一日叙一品
承応三年十一月廿八日御践祚宝算十八歳
奉号後西院天皇

書陵部（三号）

承應二年

是ノ冬、王女二宮ヲ伴ヒテ、兄高田藩主松平光長ノ許ニ赴キ、高田城三丸ノ御殿ニ住ス。

編修課

〔有栖川宮系譜〕

好《ヨシ》仁親王　後陽成天皇第七皇子

御息所源寧《ヤス》子

（中略）

承應二年（アキ）月携テ第二姫宮而帰居越後高田

三十七、

書陵部（三号）

〔松平家系譜〕

三世惠照公年譜

（中略）

承應二年癸巳　公三十有九歳

五月故高松好仁親王ノ室寳珠院殿、松公妹、ノ二宮、高松宮ノ二女、第高田ヘ移住セシムヘキ旨ヲ命セラル、因テ迎トシテ老臣小栗茂吉莽ヲ京都ニ遣シ是冬高田ニ到ル、

書陵部（三号）

（松平家系譜）
三世恵照公年譜
女子亀子 西巌公ノ長女（中略）承応二年癸巳
冬越後高田ニ移住幕府ヨリ米五百俵ヲ給シ
公家ヨリ二千石ヲ贈、

書陵部（三号）

（高嶺乃松）
第二好仁親王妃寶珠院殿
高田御歸居
親王妃高松宮へ御入輿以来八ヶ年姫宮二方ヲ
挙ゲサセラレシガ寛永十五年六月三日夫ノ宮
病ミテ薨ゼラル妃愁傷ニ落飾アラセラレ宝
珠院ト称シ給フ尚ホ京都御殿ニオハシマスコ
ト十六年トカク健康勝レザルヲ以テ承応二年
二ノ姫宮ト共ニ遥々光長ヲ便リテ越後ニ下
リ高田ニ移リ住ミ給ヘリ是ヨリ先元和九年父

書陵部（三号）

忠直豊後ニ配流セラレ子光長（仙千代丸）嗣ギシガ寛
永元年三月十五日移サレテ高田城主タリシヲ
以テナリ、
（中略）
光長ハ宝珠院殿並ビニ二ノ姫宮ノ御為ニ城内
三ノ丸ニ新ニ御殿ヲ営ミ、（第三図参照、今ノ騎兵十七聯隊将校集会所
ノ在ル所）住マセ奉レリ、世人宮様御殿ト称セリ、（図ニハ二
ノ方、）宮又宝珠院ヲ慰メマツラントテ城東ニ別殿
ヲ建ツ、（第一図参照、今ノ砲兵十九聯隊ノ北方ニ当ル、）更ニ湯沐ノ料
トシテ二千石ヲ納レタリ、幕府モマタ五百石ヲ

書陵部（三号）

進メタリ光長ハ又磯彦右衛門竹崎兵左衛門等
ヲシテ専ラ御殿ニ奉仕セシム、
（挿図略）

書陵部（三号）

延寶九年正月十七日
死去ス、年六十五、高田ノ長恩寺〔後天崇寺ト改ム、〕ニ葬ル、
法名ヲ寶珠院殿光譽寥廓冲意大姉ト曰フ、

編修課

〔龍光院所藏文書〕
龍光院月中須知簿
十七日
寶珠院殿光譽寥廓冲意大禪定尼 延寶九年辛酉正月 高松〈一品彈正尹好仁親王御息所〉
越前宰相忠直卿女、為將軍秀忠公養女、從二
條城入輿于高松殿、
葬于越後國頸城郡高田寺町長恩寺、

書陵部（三号）

〔有栖川宮日記〕○高松宮家藏
文化十四年十一月十二日辛亥
一参上 松平越後守留守居 筧 十平
御問合
御初代高松好仁親王様御簾中様亀姫君忠
直公御姫君、秀忠公為御養女御入輿、
延宝九酉正月十七日薨、号宝珠院殿
右之通□御法号帳ニ記有之候事
十一月

書陵部（三号）

〔有栖川宮系譜〕
好《ヨシ》仁親王 後陽成天皇第七皇子
御息所寧《ヤス》子
（中略）
延寶九年正月十七日薨、年六十五
号寶珠院殿光譽寥廓冲意大姉、葬于高田長恩
寺、

書陵部（三号）

陵墓要覧　○昭和四十九年版

皇子　好仁親王墓

同妃　寧《ヤス》子墓（有）新潟縣高田市寺町二丁目

天崇寺内有栖川宮墓地

五輪塔　寶珠院殿光譽寒廓冲意大姉

參議松平忠直

延宝九、一、一七（二三四一、三、七）薨

書陵部（三号）

好仁親王實録

王女　明子女王

後西天皇實録ヲ見ヨ

編修課

好仁親王實録

王女　某（高琳院）

二宮

高琳院

天和日記　松平家系譜

有栖川宮日記　天徳寺過去帳

好仁親王ノ第二王女、母ハ福井藩主松平忠直ノ女、源寧子ナリ、寛永十五年二月誕生ス、

編修課

（青蓮院宮日記抄）

寛永十年八月十七日、早天自東御所文給、高松殿御内儀帯加持之事承之、再使来、則帯加持作法相済、使へ渡、

十一月十六日、高松殿御内儀誕生、祝義使有之、銀五枚給之、

十五年二月十一日、高松殿御内儀分御帯加持、御誕生御祝義銀三枚、御使葭沢七兵衛、

（按）寛永十五年明子女王誕生トスル史料アルモ、同女王ハ寛永十年誕生ニシテ、寛永十五年第二王女誕生トスベキカ、

書陵部（三号）

（有栖川宮系譜）

好仁親王

明子女王

御母御息所寶珠院殿　源寧《ヤス》子

〔附箋〕「寛永十年十月十一月?」

寛永十五年戊寅　月　日御誕生、

女王

御母同上、

年　月　日御誕生、

書陵部（三号）

（参考）

〔大内日記〕○國立公文書館蔵

寛永十三年十二月十一日戊剋女二宮様近衛大将殿へ御移徙アリ、

十三日國母様ヨリ御一門方へ

一條殿へ銀十枚、同若君へ縮綿五巻、白高松殿へ銀十枚、同カミサマへ同二十枚、同姫宮サマヘ縮綿五、三緋、二白、

〔按〕右史料ノ姫宮ハ寛永十年誕生ノ明子女王ナルベシ

寛永十五年六月三日

父好仁親王薨ズ、

〔資勝卿記〕

寛永十五年六月三日高松殿御他界今晩大徳寺へ御葬送之由也、

承応二年

是ノ冬、母源松平寧子ニ伴ハレテ高田藩主松平光長ノ許ニ赴キ、高田城三丸ノ御殿ニ住ス、

〔松平家系譜〕

三世恵照公年譜

（中略）

承應二年癸巳　公三十有九歳

五月故高松好仁親王ノ室寳珠院殿公ノ妹ノ二宮高松宮ノ二女第高田へ移住セシムヘキ旨ヲ命セラル、因テ迎トシテ老臣小栗茂吉等ヲ京都ニ遣シ、是冬高田ニ到ル、

〔高嶺乃松〕

第二好仁親王妃寳珠院殿

高田御歸居

親王妃（中略）承應二年二ノ姫宮ト共ニ遠々兄光長ヲ便リテ越後ニ下リ、高田ニ移リ住ミ給ヘリ、是ヨリ先元和九年父忠直豊後ニ配流セラレ、子光長仙千代、丸、嗣ギシガ、寛永元年三月十五日移サレテ高田城主タリシヲ以テナリ、

（中略）

光長ハ宝珠院殿並ビニ二ノ姫宮ノ御為ニ城内三ノ丸ニ新ニ御殿ヲ営ミ、第三図参照、今ノ騎兵十七聯隊将校集會所ノ在ル所ニ住マセ奉レリ、世人宮様御殿ト称セリ、図ニハ二ノ方、宮又宝珠院ヲ慰メマツラントテ城東ニ別殿ヲ建ツ、第一図参照、今ノ砲兵十九聯隊ノ北方ニ當ル、更ラニ湯沐ノ料トシテ二千石ヲ納レタリ、幕府モマタ五百石ヲ進メタリ、光長ハ又磯彦右衛門竹崎兵左衛門等ヲシテ専ラ御殿ニ奉仕セシム、

（挿図略）

〔有栖川宮系譜〕

好仁親王
└女王

（中略）

承應二年従母君遷居越後高田、依御病身也、

延寶九年七月八日
好仁親王妃ニ明子女王（後西天皇女御）ノ永代供養料ト
シテ、八百宮（後西天皇皇女、誠子内親王、）ト倶ニ大徳寺龍光院
ニ田地ヲ施入ス、

（龍光院所藏文書）
（包紙）
永照院殿
吉祥院殿
御灵供料御寄進之證文数通

右五枚之賣券状之田地、本庄江定納米七石三斗
五升七合三夕四才、此作間三石着、惟ニ有之積ゝ
以、永照院殿妙吉祥院殿此両御所江永代月々之
為御灵供米、右之田地相調、龍光院江被為付置者
也、
延寶九年
酉ノ七月八日
院姫宮御方御内
清心 印
久御乳 印
山崎内匠 印

高松殿女二宮御方御内
西尾
興津市郎左衛門
大徳寺中
龍光院
輪番御衆中

（包紙）
「目録」
一米参石　毎年也
右者
永照院殿
妙吉祥院殿
此両御所江月々為御霊供米永代被進

者也、
院姫宮御方御内
清心 印
久御乳 印
山崎内匠 印
高松殿女二ノ宮御内
西尾
興津市郎左衛門
延寶九年
辛酉七月八日
大徳寺中
龍光院輪番
御衆中

編修課
書陵部（三号）

［龍光院所蔵文書］

（包紙）
「永照院殿
吉祥院殿　御霊供料御寄進之證文数通」

従高松殿女二之宮様永照院様為御斎米
本所高参石六斗七升八合大夕七才之田
地、作間毎年壹石五斗宛永代龍光院江被
為附置候、即売券状請取申候、毎月御斎可
相勤者也、仍如件、

延宝九辛酉年七月八日

奉行
敷首座

納所
検首座

書陵部（三号）

西尾殿
興津市郎左衛門殿

（別紙）
高松殿女二之宮様御寄進被申為永照院殿御
斎料、目録之通令受納候、永代無懈怠可令執行
者也、仍状如件、

延宝九辛酉年七月八日

大徳寺龍光院
傳心
宗的在判
質休
梅岑宗丈
宗有在判

西尾殿
興津市郎左衛門殿

書陵部（三号）

延宝九年八月十八日

是ヨリ先、高田藩主松平光長、家中不取締ノ廉ニ依リ、領地ヲ没収、松山藩主松平定直ニ預ケラル、仍リテ高田ヲ去リ、江戸ニ移住ス、是ノ日、幕府ヨリ合力米五百石及ビ高田殿ノ光長母ノ故宅、光長ノ家財等ヲ与ヘラル、

編修課

［天和日記］○国立公文書館蔵

天和元年八月十八日

一同日ニ伊達遠江守・松平出羽守被為召之、松平越後守姪高松殿息二之宮江、為御合力米五百石被遣、且亦高田殿上屋敷、越後守家財被下之旨、御老中列座被仰渡之、

書陵部（三号）

〔徳川實紀〕　常憲院殿御實紀

天和元年八月十八日高松彈正尹好仁親王息女二宮は、松平越後守光長が姪にて高田城によりしが、光長所領没入せられし故、二宮に合力米五百石給はり、高田の支光長の母川田が窪の邸宅并に光長が遺財悉く下さるゝ旨、所族松平出羽守綱近、伊達遠江守宗利に仰下さる、

書陵部（三号）

〔松平家系譜〕

三世恵照公年譜

天和元年辛酉　公六十有七歳

六月廿六日伊達遠江守公ヲ伴テ大老井伊掃部頭ノ邸ニ到ル、老中稲葉美濃守来テ命ヲ傳ヘ、家中騒動ノ故ヲ以テ領地ヲ没収シ、松平隠岐守ヘ預ケラレ、壹万俵ヲ賜ノ旨ヲ達ス、廿九日公書ヲ高田居守ノ老臣ニ賜テ高田糸魚川ノ両城ヲ渡スヘキ旨ヲ命ス、七月廿五日榊原式部大輔松平大蔵大輔牧野駿河守高田城ヲ請取、同廿八日堀左京亮糸魚川城ヲ請取ル、

書陵部（三号）

七月朔日公井伊掃部頭邸ヲ発シ松平隠岐守ノ領國伊豫松山ニ趣ク、道中京極備中守同道、家臣従フ者佐久間主計以下十八人、外足軽十人、中間二十一人、

二十日公大坂ニ到、京極備中守ノ蔵屋敷ニ入、廿四日乗船、八月朔日伊豫松山ニ到ル、

書陵部（三号）

元禄十三年九月五日薨ズ年六十三、芝ノ天徳寺ニ葬ル、法名ヲ高琳院殿松譽瑩月圓清大姉ト曰フ、又有栖川宮邸内ノ法光靈社ニ祀ラル、

編修課

〔有栖川宮好仁親王第二女女二宮高琳院御墓考〕

○天徳寺過去帳

元禄十三庚辰年九月五日、

高琳院殿松嶽瑩月圓清大禪定尼

高松好仁親王姫君、称二宮、光長卿姪子、

○天崇寺過去帳附箋聞書

上臈、姫宮御事者、御存生ノ儘御様躰より

上天御行方不相分、依而其後法光靈社ト

奉崇尊、於今神祭、

〔有栖川御系〕○高松宮家蔵

好仁親王　号高松殿

（中略）

第一姫宮　後西院女御、

第二姫宮　好仁親王薨之後、御息所御同伴越後國御下向之由申傳、御病質之由、元禄十三年九月五日薨、号高琳院、

〔有栖川宮日記〕

嘉永二年九月五日己亥、晴、

一高琳院宮御先代好仁親王御女百五十回御忌、御正當、

右ニ付、御先例百回御忌之節御法事被仰付候哉取調候処、何等之義も不相分、竟光院ニも御塔且御位牌等も無之、尤御寺門ニおゐても御先例御法事等之有無難相分、由且光年来少々子細有之、此御殿ニおいてハ法光靈社ト奉稱、則其清殿ニ御祭り有之、旁以百回御忌之節其後ニ相成候哉と被存候ヘ共、於此度者御供養等も無之而者如何ニ付、思召伺候処、左候ハヽ竟光院ニ而仮御位牌拵御供養可申付様、且又於御内者法光靈社江神酒相備候様被仰出、仍竟光院江其趣申付、晩ニ仮御位牌出来ニ而御靈屋江安置致し、於照堂輪番保叔座元

楞厳神咒　大悲神咒

右御供養申上ル、則冶部権少輔着座執行畢而御代香相勤、其後御非時等差出し帰殿之吏、

右御年回ニ付
御霊前江金百疋御備之事

書陵部（三号）

〔有栖川宮系譜〕

好仁親王
　女王

（中略）

元禄十三年九月五日薨、
号高琳院殿松巖瑩月圓清大姉、

書陵部（三号）

昭和二年十月十一日
豊島岡ノ有栖川宮墓地ニ改葬ス、

〔昭和二年以降上奏書類綴〕

「欄外」
九月十七日御裁可

可

一東京市芝区西久保巴町天徳寺墓地中故好仁親王第二王女高琳院宮墓茲東京府荏原郡品川町東海寺墓地中故幟仁親王妃廣子墓及同墓地中故熾仁親王妃貞子墓ヲ豊島岡墓地ヘ移轉ノ件、

右謹テ裁可ヲ仰ク、

書陵部（三号）

昭和二年九月十五日
宮内大臣一木喜徳郎（花押）

（別紙）
豊発第一一四號
昭和二年十月十三日
豊島岡部
陵墓守長墻千次郎印
陵墓頭杉栄三郎殿

報告

高琳院宮御墓御改葬之儀、左記御次第之通リ本月十一日滞リナク済マセラレ候ニ付、此段及報告候也、

記

一　天徳寺内御墓所
午前八時　御納棺始メ
〃　八時二十分　右　了
〃　八時三十分　御柩前之儀
〃　九時　右　了
〃　仝　御霊柩御発引

二　豊島岡御墓所
午前七時二十分　御清祓
〃　九時五十五分　御霊柩御到着
〃　十時　御埋葬始メ
〃　十一時五分　右　了
〃　十一時三十分　御墓所之儀始メ
正午十二時　右　了

参列員
天徳寺御墓所
石川別当　徳川実枝子　武田尚
仙石宗秩寮総裁　伊藤式部長官　（〇以下略）

豊島岡御墓所
石川別当　徳川実枝子　武田尚
関屋宮内次官　仙石宗秩寮総裁
松平康春氏　伊藤式部長官　（〇以下略）

（別紙）
豊発第一五一號
昭和二年十二月廿五日
豊島岡部
陵墓守長墻千次郎印
陵墓頭杉栄三郎殿

報告

先般豊島岡墓地内ヘ御改葬相成候高琳院宮墓外二墓築造工事之儀ハ左記ノ工程ニ依リ竣工致シ候ニ付此段及報告候也

記

一高琳院宮墓　工事着手昭和二年十月十五日
　　　　　　　工事竣工　仝年十二月廿日

（略○中）

以上

〔有栖川宮墓御改葬書類〕○高松宮家蔵

「昭和二年
御改葬書類」

高松宮第一〇一號

昭和二年八月二十四日

高松宮附別当心得石川岩吉

諸陵頭杉栄三郎殿

市内芝区西久保天徳寺境内高松宮御初代好仁親王第二王女高琳院宮御墓ハ適当ノ外構ヲ存セザル墓地内ニ於テ民家ニ近接セル狭隘ナル地域ニ存在シ固ヨリ市内墓地トシテ早晩移転ヲ要スル儀ニ有之候上今般復興局ノ道路開通計画促進実施セラルルコトトナリ来昭和三年竣成ノ後ハ第一附図記載ノ通リ御墓背部ヲ距ルコト僅ニ数尺ニシテ幅員十二米ノ大道路ニ接スルコトト相成ルベク此上猶豫致シ難キ場合ニ立到リ候間今秋適当ノ時機ヲ以テ第三附図ノ通リ豊島岡有栖川宮御墓地内ヘ御改葬相成候様致度又品川東海寺墓地内故熾仁親王妃二宮ノ御墓モ（中略）此際第三附図ノ通リ豊島岡有栖川宮御墓地内ヘ御改葬相成候様致度右可然御詮議相願候也

追テ右御改葬ニ要スル諸経費ハ一切当宮ヨリ支出可相成候

雑第六七〇ノ一號　略○同

昭和二年九月二十一日

諸陵頭　杉栄三郎

高松宮附別当心得石川岩吉殿

通知

本年八月二十四日附第一〇一號ヲ以テ市内芝区西久保天徳寺墓地中故好仁親王第二王女高

琳院宮御墓茲東京府荏原郡品川町東海寺墓地中故熾仁親王妃廣子御墓及同墓地中故熾仁親王妃貞子御墓ヲ豊島岡墓地ヘ移轉ノ件出願相成候處九月十七日決定相成候間此段及御通知候、

高松宮第一二五號
案

昭和二年九月二十七日

高松宮附別當心得石川岩吉

宮内大臣一木喜徳郎殿
諸陵頭杉榮三郎殿

書陵部（三号）

市内芝區西久保巴町天徳寺墓地内故好仁親王第二王女高琳院宮御墓茲府下荏原郡品川町東海寺墓地内故熾仁親王妃廣子命御墓及同墓地内故熾仁親王妃貞子命御墓今般左記日時ニヨリ豊島岡有栖川宮御墓地ヘ御移轉御祭儀御執行可被遊候條此段及御通牒候也、

記

一故熾仁親王妃廣子命御墓　十月八日
一故熾仁親王妃貞子命御墓　十月十日
一高琳院宮御墓　十月十一日

書陵部（三号）

右各御墓共
一御槨前ノ儀　午前九時開始現御墓所ニ於テ
一御墓所ノ儀　午後二時開始

書陵部（三号）

（宮内省省報　昭和二年十一月

○彙報

皇族事項

○皇族墓移轉　東京府荏原郡品川町大字北品川宿字御殿山東海寺墓地所在故熾仁親王妃廣子墓ヲ十月八日同墓地所在故熾仁親王妃貞子墓ヲ同十日及東京市芝區西久保巴町天徳寺墓地所在故好仁親王第二王女高琳院宮墓ヲ同十一日孰レモ東京市小石川區大塚坂下町豊島岡ヘ移轉セラレタリ、

書陵部（三号）

陵墓要覧　○昭和四十九年版

一〇七後陽成天皇

皇孫女　女二宮墓（有）東京都文京区大塚坂下町

豊島岡墓地

五輪塔　高琳院殿松譽瑩月圓清大姉

幟仁親王墓以下十墓同域

書陵部（三号）

[redacted]

良仁親王實録

良仁親王

後西天皇實録ヲ見ヨ

編修課

四親王家実録《ししんのうけじつろく》 27

有栖川宮実録《ありすがわのみやじつろく》　第一巻　好仁親王実録《よしひとしんのうじつろく》

二〇一八年一月十六日　印刷
二〇一八年一月二十五日　発行

監修　吉岡眞之《よしおかまさゆき》　藤井譲治《ふじいじょうじ》　岩壁義光《いわかべよしみつ》
発行者　荒井秀夫
発行所　株式会社ゆまに書房
〒一〇一―〇〇四七　東京都千代田区内神田二―七―六
電話　〇三（五二九六）〇四九一（代表）
印刷　株式会社平河工業社
製本　東和製本株式会社
組版　有限会社ぷりんていあ第二

第二十七巻定価　本体二五、〇〇〇円＋税
落丁・乱丁本はお取替致します。

ISBN978-4-8433-5325-7　C3321